Betty Bossi steht für Genuss – auch beim Abnehmen. Das war das Motto für unser Buch «gesund & schlank», und es ist ein grosser Erfolg geworden. Nun erfüllen wir einen vielfach geäusserten Kundenwunsch: Unsere Tüftelküche hat – in Zusammenarbeit mit diplomierten Ernährungsberaterinnen HF/FH – für Sie noch viel mehr gesunde, ausgewogene Rezepte kreiert, natürlich nach den gleichen Grundsätzen wie im ersten Band. Die Gerichte sind auch in diesem Buch köstlich, sättigen gut, und die Pfunde purzeln wie von selbst. Ergänzend zu den Rezepten erhalten Sie viele Informationen zur gesunden Ernährung. Den hilfreichen Ratgeberteil der Schweizerischen Gesellschaft für Ernährung SGE mit vielen praktischen Tipps rund ums gesunde Abnehmen finden Sie auch in diesem Buch. Damit erreichen Sie Schritt für Schritt mit Leichtigkeit und viel Genuss Ihr persönliches Wohlfühlgewicht.

Betty Bossi

W0252623

Mit fachlicher Unterstützung von

sge Schweizerische Gesellschaft für Ernährung
ssn Société Suisse de Nutrition
ssn Società Svizzera di Nutrizione

Herausgegeben von der Betty Bossi AG, Postfach, 8021 Zürich.

Wichtig
Die unter «Ergänzen mit» aufgeführten Zutaten ergänzen das Rezept optimal, sie sind deshalb in der Nährwertberechnung bereits enthalten.

2 Alle Rezepte in diesem Buch sind für 2 Personen berechnet. Für 4 Personen doppelte Menge zubereiten.

INHALT

12 TIPPS ZUM STARTEN

Wer erfolgreich abnehmen will, muss einige Gewohnheiten ändern. Damit dies leichter fällt, im Folgenden einige hilfreiche Tipps. Wichtig ist, einmal gefasste Vorsätze in kleinen Schritten umzusetzen. Zu Beginn ändert man nur dasjenige Essverhalten, das einem am leichtesten fällt. Hat sich die neue Massnahme im Alltag gefestigt, wird der nächste Schritt in Angriff genommen. So ist gesichert, dass Erfolgserlebnisse beflügeln und motivieren, weitere Veränderungen vorzunehmen. Der neu gewonnene Lebensstil macht glücklicher und erst noch leichter.

1 BEWUSST EINKAUFEN

Abnehmen beginnt schon beim Einkaufen. Wer mit Hunger einkauft, kauft mehr. Hungrige Augen nehmen die Lebensmittel in den Regalen mit viel mehr Lust und Freude wahr. Daher den Einkauf planen und eine Einkaufsliste schreiben. Sie hilft, nur das einzukaufen, was geplant ist. So lassen sich Impulskäufe vermeiden. Wer mit dem Velo oder zu Fuss einkaufen geht, kauft automatisch weniger und hat so zusätzlich mehr Bewegung im Alltag.

2 NEUE TELLEREINTEILUNG

Eine einfache Hilfe, die richtigen Nährstoffe im richtigen Verhältnis zu konsumieren, ohne den Rechner beizuziehen, ist das richtige Schöpfen der einzelnen Lebensmittelgruppen nach dem System

½ Gemüse
¼ eiweisshaltige Beilage wie Fleisch, Fisch, Käse, Eier oder Tofu
¼ kohlenhydrathaltige Beilage wie Reis, Nudeln oder Kartoffeln
(Bild rechts)

Diese Tellereinteilung lässt sich sowohl zu Hause als auch auswärts vornehmen. Fettarm zubereitetes Gemüse hat wenig Kalorien, füllt den Magen, regt zum Verweilen am Tisch an. Dank des grossen Volumens gibt es zudem ein gutes Sättigungsgefühl.

> Wer gern noch mehr zu kauen hat, kann ohne schlechtes Gewissen jedes Menü mit einem saisonalen Blattsalat an einer fettarmen Sauce (S. 78–81) oder mit einer Bouillon mit Gemüsestreifen ergänzen.

3 DREI HAUPTMAHLZEITEN PRO TAG

Essen Sie in regelmässigen Abständen – ideal sind drei Hauptmahlzeiten am Tag. Wer ständig zwischendurch isst – auch wenn es nur etwas Kleines ist – nimmt im Schnitt insgesamt sehr viele Kalorien auf. Zudem steigt bei jeder Nahrungsaufnahme der Blutzuckerspiegel, und die dadurch ausgelöste Insulinausschüttung bremst die Fettverbrennung. Somit wird verhindert, dass der Körper Fettpolster abbaut, da er immer nur die aktuellen Kohlenhydrate verbrennt. Wenn Sie nicht auf ein Znüni oder Zvieri verzichten möchten, essen Sie eine Frucht oder Gemüsestreifen.

Tipp: Hunger zwischen den Mahlzeiten bzw. Zwischenmahlzeiten lässt sich mit einem Glas Wasser überbrücken.

4 LANGSAM ESSEN – LÄNGER SATT

Bei einer Mahlzeit dauert es rund 20 Minuten, bis der Magen ein Sättigungsgefühl ans Gehirn sendet. Werden innerhalb kurzer Zeit grosse Portionen verzehrt, signalisiert der Körper zu spät, dass möglicherweise zu viel gegessen wurde. Darum: Langsam essen, Besteck zwischendurch ablegen, jeden Bissen 20 Mal kauen. Sich gemütlich hinsetzen, ganz auf das Essen konzentrieren und nicht nebenbei noch lesen oder fernsehen.

5 ZUCKERFREI TRINKEN

Wer bis anhin täglich einen Liter Limonade oder Fruchtsaft getrunken hat, hat nicht nur ca. 24 Würfelzucker zu sich genommen, sondern eine ganze Mahlzeit (ca. 500 Kalorien). Wer allein Süssgetränke durch zuckerfreie Getränke wie Wasser oder Tee ersetzt, dabei die gleichen Essgewohnheiten beibehält, kann in zehn Wochen mit einem Gewichtsverlust von einem Kilogramm rechnen!

6 VORRÄTE AUSRÄUMEN

Für Menschen, die leidenschaftlich gern Süssigkeiten oder Snacks essen, ist es schwierig, die guten Vorsätze umzusetzen, wenn der Vorratsschrank voll mit Verführungen ist. Da hilft nur eines: Aus den Augen, aus dem Sinn. Oder ganz bewusst kleine Portionen einkaufen und zu Hause keinen Vorrat anlegen.

7 TÄGLICHE ESSFALLEN MEISTERN

Überall lauern Essfallen: das Gipfeli zum Znünikaffee, der Naschkorb am Arbeitsplatz, der verführerische Duft in der Bäckerei, der Glacestand im Sommer ... Deshalb sollte man sich bereits am Morgen überlegen, wie der Tag verlaufen wird und welche schwierigen Momente es geben könnte. Darauf kann man sich bewusst vorbereiten und lernen, nein zu sagen. Gewonnen hat, wer sich nicht von Verlockungen verführen lässt, sondern sich bewusst ein Dessert oder einen Snack gönnt.

8 ABENDRITUALE ÄNDERN

Abendliche Gewohnheiten wie Wein, Bier, Snacks oder Süsses vor dem Fernseher entspringen nicht einem körperlichen Bedürfnis, sondern entstehen im Kopf und werden schnell zur Routine. Also bewusst den Kopf davon befreien. Die Fettverbrennung lässt sich ankurbeln, indem man dem Körper essfreie Phasen von mindestens zehn Stunden gönnt, zum Beispiel abends von 20 Uhr bis morgens um 6 Uhr. Auch ein Abendspaziergang hilft, die Fettverbrennung zu beschleunigen.

9 VERBOTE SIND KONTRAPRODUKTIV

Statt sich Naschereien zu verbieten, soll man lernen, sie in kleinen Mengen zu geniessen. Wer ein unbändiges Verlangen nach Süssem hat, sollte keine Grosspackungen von Guetzli, Kuchen oder Schokolade zu Hause haben. Man kauft besser Einzelportionen wie ein Choco-Köpfli oder ein kleines Schokoladestängeli und geniesst es bewusst.

10 SÜSSES REDUZIEREN

Süssesser sollten lernen, nicht ganz darauf zu verzichten, sondern Süsses in kleinen Portionen zu geniessen – und zwar nach den Hauptmahlzeiten (siehe Punkt 3). Unsere Zunge kann sich an weniger Süsse gewöhnen. Zuckermengen schrittweise reduzieren, zum Beispiel bei Desserts und in Getränken. Jede Woche ein Viertel weniger Zucker in Kaffee oder Tee, und bald ist man stolz auf die neu erlernte Gewohnheit, ungesüsst zu trinken. Ein Becher Fruchtjoghurt enthält 6 Würfelzucker. Warum nicht einmal ein Fruchtjoghurt selber zubereiten mit Joghurt nature und ausgereiften Saisonfrüchten? Die Geschmacksnerven auf der Zunge werden mehr berührt, und man spart Kalorien, ohne dass das Volumen kleiner wird.

11 GEDANKEN BEFREIEN

Wer abnehmen will, macht häufig folgende Fehler: Man denkt ständig ans Essen oder daran, was man angeblich nicht essen darf. Man sieht in jedem Bissen das neue Pölsterchen an den Hüften. Wer von morgens bis abends nur an die Kalorien denkt, wird frustriert und gereizt. Der Griff zur Schokolade als Trost liegt nahe, das schlechte Gewissen plagt von Neuem. Der Teufelskreis ist vorprogrammiert. Darum den Kopf von negativen Gedanken befreien, drei Mahlzeiten am Tag geniessen und den Einkauf bewusst planen. Dazwischen den Kopf für andere Dinge frei machen, sich ablenken mit einer Tätigkeit, die man mag, zum Beispiel die Wohnung umstellen, Keller und Estrich entrümpeln, Sport treiben, eine Handarbeit beginnen oder im Garten arbeiten.

12 LANGEWEILE UND FRUST ÜBERWINDEN

Häufig essen wir nicht aus Hunger, sondern weil wir traurig, gestresst oder gelangweilt sind. Wer sich langweilt, lässt sich gern fremdbestimmen und greift unkontrolliert zu Essen. Essen lenkt aber nur kurze Zeit ab und kann nicht den ganzen Tag befriedigen. Hier sollte man sich die Frage stellen: Warum langweile ich mich? Was stresst mich?

Tipps: Dem Unwohlsein auf den Grund gehen und eine neue Strategie dagegen entwickeln. Es hilft auch, die Zeit aktiv auszufüllen, zum Beispiel spazieren gehen, eine Freundin anrufen, ein Bad nehmen.

frühstücksideen

RUNDUM GUT VERSORGT:

FLÜSSIGKEIT

Unser Körper besteht zu zwei Dritteln aus Wasser und braucht fortwährend flüssigen Nachschub, 1 bis 2 Liter pro Tag. Der Körper reguliert damit seine Temperatur, verarbeitet die anfallenden Stoffwechselprodukte und scheidet sie aus, er regelt die Durchblutung wichtiger Organe und hält die Verdauung auf Trab.

TRINKEN IST WICHTIG! GERADE AUCH AM MORGEN

In der Nacht verliert der Körper Flüssigkeit. Um diesen Verlust wieder auszugleichen und um genügend Energie fürs Denken zu haben, braucht der Körper dringend gerade am Morgen Flüssigkeit. Gesunde Durstlöscher sind Wasser, ungesüsster Kräuter- oder Früchtetee. Für Frühstücksmuffel gilt: Essen ist nicht zwingend nötig, aber Trinken dafür sehr wichtig. Wer sich stimulieren will, wählt Kaffee oder Schwarztee. Wer sich flüssig ernähren möchte, greift zu einem selbst angerührten Milchgetränk (z. B. Ovomaltine), Smoothie oder Fruchtsaft.

TRINKEN, BEVOR MAN DURSTIG IST

Wer erst trinkt, wenn er durstig ist, wartet bereits zu lange. Denn sobald sich Durst einstellt, hat der Körper schon zu viel Wasser verloren. Schon ein geringer Wasserverlust beeinträchtigt die Leistungsfähigkeit. Müdigkeit und Konzentrationsschwierigkeiten sind die Folgen. Besonders Kinder, weibliche Teenager sowie Senioren laufen Gefahr, nicht ausreichend zu trinken. Am besten stellt man sich eine 1-Liter-Flasche Wasser für den Morgen und eine für den Nachmittag bereit und trinkt jede Stunde ein grosses Glas.

GESUNDE DURSTLÖSCHER

Wasser löscht den Durst am besten. Nur die Geschmacksnerven bleiben davon unberührt. Damit das Trinken leichter fällt, kann man das Wasser aromatisieren, zum Beispiel mit frischem Orangen-, Zitronen- oder Limettensaft, auch wenig saurer Most eignet sich. Fein schmeckt Wasser auch mit Ingwerscheiben, frischen Pfefferminz- oder Zitronenmelissenblättern oder als Kräuter- oder Früchtetee. Tee kann mit Süssholz oder Stevia zuckerfrei gesüsst werden.

WARME ODER KALTE GETRÄNKE?

Warme Getränke können den Flüssigkeitsverlust besser ausgleichen als kalte. Eiskalte Getränke muss der Körper zuerst aufwärmen, bevor er sie aufnehmen kann. Trinkt man zu schnell, können kalte Getränke sogar zu Magenproblemen führen. Koffeinhaltige Getränke wie Kaffee und Schwarztee bringen den Kreislauf auf Trab. Entgegen früheren Annahmen entwässern sie den Körper in der Regel nicht, wenn man nicht mehr als vier Tassen pro Tag trinkt.

FRUCHTSÄFTE

Bei der Herstellung von Säften gehen wertvolle Nahrungsfasern verloren, Saft sättigt weniger gut als eine Frucht. Es ist also besser, die Früchte zu essen als zu trinken. Wenn Fruchtsaft getrunken wird, diesen reichlich mit Wasser oder Mineralwasser zu Shorley verdünnen. Zudem lohnt sich ein Blick auf die Zusammensetzung der Fruchtsäfte. Oft wird zusätzlich Zucker (auch Fruchtzucker) zugegeben, was das Getränk noch kalorienreicher macht.

SICH SCHLANK TRINKEN MIT WASSER

Das stimmt nur bedingt. Jedes Glas vermittelt ein kurzes Sättigungsgefühl. Kalte Getränke führen dazu, dass der Korper minim Kalorien verbrennt. Wer aber extrem viel trinkt, bringt das Verhältnis von Wasser und Salzen im Körper aus dem Gleichgewicht. Bei exzessivem Trinken kann sogar eine Wasservergiftung drohen; 3–4 Liter muss höchstens ein intensiv trainierender Ausdauersportler zu sich nehmen.

WOHLFÜHL-TIPP

Trinken gegen den falschen Hunger: Hunger und Durst sind für den Körper lebenswichtige Signale. Einige Menschen können diese Botschaften ihres Körpers aber nicht mehr richtig unterscheiden. So ist es möglich, dass sie Hunger empfinden, obwohl ihnen eigentlich Flüssigkeit fehlt. Sie essen dann, selbst wenn ihr Körper gar keine Energie benötigt. Um dies zu verhindern, empfiehlt es sich, über den Tag verteilt viel und regelmässig zu trinken.

INGWER-BEEREN-LASSI

Vor- und zubereiten: ca. 5 Min.
Ergibt ca. 5 dl

- **150 g gemischte tiefgekühlte Beeren,** angetaut
- **360 g Joghurt nature**
- **1½ EL Zucker**
- **1½ TL Ingwer,** fein gerieben
- **1 Limette,** heiss abgespült, trocken getupft, nur wenig abgeriebene Schale und ½ EL Saft

Beeren mit allen restlichen Zutaten pürieren.

Ergänzen mit: 6 Scheiben Toastbrot (S. 16), 4 Scones (S. 18), 8 Ofenküchlein (S. 20) oder 150 g Brot nach Wahl.

Tipp: Statt tiefgekühlte frische Beeren verwenden.

Portion: 390 kcal, F 11 g, Kh 59 g, E 15 g

KAKAO-BANANEN-DRINK

Vor- und zubereiten: ca. 5 Min.
Ergibt ca. 5 dl

- **1 Banane,** in Stücken (ergibt ca. 100 g)
- **4 dl Milch**
- **2 EL Hirseflocken**
- **1 EL Kakaopulver**

Banane mit allen restlichen Zutaten pürieren.

Ergänzen mit: 6 Scheiben Toastbrot (S. 16), 4 Scones (S. 18), 8 Ofenküchlein (S. 20) oder 150 g Brot nach Wahl.

Portion: 427 kcal, F 13 g, Kh 62 g, E 16 g

ORANGEN-SMOOTHIE

Vor- und zubereiten: ca. 5 Min.
Ergibt ca. 5 dl

3 Bio-Orangen, nur wenig abgeriebene Schale, ganzer Saft (ergibt ca. 3 dl)
200 g fettreduzierter Frischkäse (z. B. Philadelphia Balance) oder Joghurt nature
1 EL Ahornsirup

Orangenschale und -saft mit dem Frischkäse und dem Sirup pürieren.

Ergänzen mit: 6 Scheiben Toastbrot (S. 16), 4 Scones (S. 18), 8 Ofenküchlein (S. 20) oder 150 g Brot nach Wahl.

Portion: 379 kcal, F 9 g, Kh 61 g, E 19 g

BEEREN-SMOOTHIE

Vor- und zubereiten: ca. 5 Min.
Ergibt ca. 5 dl

200 g Erdbeeren
200 g Himbeeren
1½ dl Buttermilch nature
1 TL Zucker
2 EL Kokosflocken

Beeren mit der Buttermilch und dem Zucker pürieren, durch ein Sieb streichen. Kokosflocken darunterrühren.

Tipps

> Statt Erdbeeren und Himbeeren Heidelbeeren oder Brombeeren verwenden.

> Tiefgekühlte Beeren verwenden, diese zuerst antauen.

Ergänzen mit: 6 Scheiben Toastbrot (S. 16), 4 Scones (S. 18), 8 Ofenküchlein (S. 20) oder 150 g Brot nach Wahl.

Portion: 399 kcal, F 15 g, Kh 56 g, E 12 g

TOASTBROT

Vor- und zubereiten: ca. 20 Min.
Aufgehen lassen: ca. 2 Std.
Backen: ca. 40 Min.
Für eine Cakeform von ca. 30 cm, mit Backpapier ausgelegt

500 g Halbweissmehl
2 TL Salz
1 TL Zucker
½ Würfel Hefe (ca. 20 g), zerbröckelt
50 g Butter, in Stücken, weich
3¼ dl Milchwasser (½ Milch / ½ Wasser), lauwarm

1. **Hefeteig:** Mehl und alle Zutaten bis und mit Hefe in einer Schüssel mischen. Butter und Milchwasser beigeben, mischen, zu einem weichen, glatten Teig kneten. Zugedeckt bei Raumtemperatur ca. 1½ Std. aufs Doppelte aufgehen lassen.
2. Teig etwas flach drücken, zu einer Rolle formen, in die vorbereitete Form geben. Nochmals ca. 30 Min. aufgehen lassen. Ein ofenfestes Förmchen mit Wasser neben die Form aufs Ofengitter stellen.
3. **Backen:** ca. 10 Min. in der unteren Hälfte des auf 240 Grad vorgeheizten Ofens. Hitze auf 180 Grad reduzieren, ca. 30 Min. fertig backen, evtl. in den letzten 20 Min. mit Alufolie bedecken. Brot herausnehmen, etwas abkühlen, aus der Form nehmen, auf einem Gitter auskühlen, in ca. 1 cm dicke Scheiben schneiden.

Tipp: Aufgegangenen Teig in 12 Portionen teilen, zu Kugeln formen, auf ein mit Backpapier belegtes Blech legen, nochmals ca. 30 Min. aufgehen lassen. **Backen:** ca. 20 Min. in der Mitte des auf 220 Grad vorgeheizten Ofens. Brötchen herausnehmen, auf einem Gitter auskühlen.

Haltbarkeit: Brotscheiben oder Brötli in Folie eingepackt ca. 1 Monat tiefkühlen. Brotscheiben noch gefroren toasten. Brötli auf einem Gitter auftauen.

Dazu passt: Mostbröckli-Creme oder Blitzkonfitüre (S. 22).

Portion (3 Scheiben oder 1 Brötli, ca. 70 g):
221 kcal, F 6 g, Kh 37 g, E 7 g; siehe auch das ideale Frühstück S. 22.

SCONES MIT SONNENBLUMENKERNEN

Vor- und zubereiten: ca. 15 Min.
Backen: ca. 15 Min.
Ergibt 12 Stück

250 g Ruch- oder Halbweissmehl
2 TL Backpulver
1 TL Zucker
½ TL Salz
50 g Butter, in Stücken, kalt
1¼ dl Milch

wenig Milch
2 EL Sonnenblumenkerne

1. Mehl, Backpulver, Zucker und Salz in einer Schüssel mischen. Butter beigeben, von Hand zu einer gleichmässig krümeligen Masse verreiben. Milch beigeben, rasch zu einem weichen Teig zusammenfügen, nicht kneten.
2. Teig ca. 1½ cm dick auswallen, 12 Rondellen von ca. 5 cm Ø ausstechen, auf ein mit Backpapier belegtes Blech legen. Scones mit Milch bestreichen, Kerne darüberstreuen, leicht andrücken.
3. **Backen:** ca. 15 Min. in der Mitte des auf 200 Grad vorgeheizten Ofens. Scones herausnehmen, auf einem Gitter etwas abkühlen, lauwarm oder kalt servieren.

Haltbarkeit: in einer Dose gut verschlossen ca. 3 Tage aufbewahren oder ca. 1 Monat tiefkühlen, auf einem Gitter auftauen.

Dazu passt: Mostbröckli-Creme oder Blitzkonfitüre (S. 22).

Portion (2 Stück): 236 kcal, F 10 g, Kh 32 g, E 8 g; siehe auch das ideale Frühstück S. 22.

OFENKÜCHLEIN

Vor- und zubereiten: ca. 25 Min.
Backen/trocknen: ca. 45 Min.
Ergibt ca. 20 Stück

2 dl Wasser
50 g Butter
1 Prise Salz
½ EL Zucker
1 Bio-Orange, nur ½ abgeriebene Schale
120 g Mehl

2–3 Eier, verklopft

1. **Brühteig:** Wasser mit Butter, Salz, Zucker und Orangenschale aufkochen, Hitze reduzieren. Mehl auf einmal beigeben, mit einer Kelle ca. 1½ Min. rühren, bis sich ein geschmeidiger Teigkloss bildet, der sich vom Pfannenboden löst. Pfanne von der Platte nehmen.
2. Eier nach und nach darunterrühren, bis der Teig weich ist, aber nicht zerfliesst. Teig in einen Spritzsack mit gezackter Tülle (ca. 12 mm Ø) geben, ca. 20 Häufchen von je ca. 3 cm Ø mit genügend Abstand auf ein mit Backpapier belegtes Blech spritzen.
3. **Backen/trocknen:** ca. 30 Min. in der Mitte des auf 180 Grad vorgeheizten Ofens. Ofen nie öffnen! Anschliessend im ausgeschalteten, leicht geöffneten Ofen ca. 15 Min. trocknen. Herausnehmen, auf einem Gitter auskühlen.

   Haltbarkeit: Ofenküchlein ca. 1 Monat tiefkühlen, auf einem Gitter auftauen.

   Dazu passt: Mostbröckli-Creme oder Blitzkonfitüre (S. 22).

Portion (4 Stück): 192 kcal, F 12 g, Kh 20 g, E 4 g; siehe auch das ideale Frühstück S. 22.

MOSTBRÖCKLI-CREME

Vor- und zubereiten: ca. 5 Min.
Ergibt ca. 10 EL

100 g saurer Halbrahm
50 g Mostbröckli in Tranchen, fein geschnitten
2 getrocknete Tomaten in Öl (ca. 10 g), sehr gut trocken getupft, fein geschnitten
2 Essiggurken (ca. 40 g), fein geschnitten
wenig Pfeffer

Sauren Halbrahm und alle restlichen Zutaten mischen, würzen.

Haltbarkeit: zugedeckt im Kühlschrank ca. 3 Tage.

Portion (2 EL): 55 kcal, F 4 g, Kh 1 g, E 4 g

BLITZKONFITÜRE

Vor- und zubereiten: ca. 5 Min.
Ergibt ca. 16 EL

350 g Früchte (Kirschen, entsteint, Pfirsiche oder Mango), in Stücken
2 EL Zucker
1 Bio-Zitrone, nur wenig abgeriebene Schale und 1 EL Saft

Früchte mit allen restlichen Zutaten pürieren.

Haltbarkeit: zugedeckt im Kühlschrank ca. 4 Tage.

Portion (2 EL): 44 kcal, F 0 g, Kh 10 g, E 1 g

Das ideale Frühstück mit Brot

für 1 Person

1 Stück Brot oder Brötli (70 g)
10 g Butter
2 EL Mostbröckli-Creme oder Blitzkonfitüre*
1 dl Milch oder Milchkaffee

* Zur Konfitüre zusätzlich 20 g Käse servieren, damit die Eiweissbilanz stimmt.

SPIEGELEI IM PEPERONIMANTEL

Vor- und zubereiten: ca. 15 Min.

1 EL Olivenöl

1 rote Peperoni (ca. 200 g), Stielansatz weggeschnitten, entkernt, in 4 Ringen

4 frische Eier

wenig Fleur de Sel

wenig Pfeffer

6 Scheiben Toastbrot (ca. 150 g)

1. Öl in einer beschichteten Bratpfanne warm werden lassen. Peperoni beidseitig je ca. 2 Min. dämpfen. Eier nacheinander aufschlagen, in die Peperoniringe hineingleiten lassen, zugedeckt bei kleiner Hitze ca. 4 Min. braten, würzen.
2. Brotscheiben toasten, Spiegeleier darauf anrichten.

Portion: 428 kcal, F 20 g, Kh 42 g, E 20 g

EIER IM GLAS

Vor- und zubereiten: ca. 15 Min.
Backen: ca. 15 Min.
Für 2 ofenfeste Gläser von je ca. 3 dl

1 EL Olivenöl
3 Bundzwiebeln mit dem Grün, in Ringen
150 g tiefgekühlte Erbsli
½ TL Salz
1 EL Pfefferminze, fein geschnitten
½ TL Sambal Oelek
4 frische Eier
2 Prisen Salz, wenig Pfeffer

1. Öl in einer beschichteten Bratpfanne warm werden lassen. Bundzwiebeln und Erbsli ca. 2 Min. andämpfen, salzen. Pfefferminze und Sambal Oelek daruntermischen, Gemüse in die Gläser verteilen. Eier nacheinander aufschlagen, je 2 auf das Gemüse gleiten lassen.
2. **Backen:** ca. 15 Min. in der Mitte des auf 180 Grad vorgeheizten Ofens, würzen.

Tipp: Für Rühreier im Glas Eier verklopfen, über das Gemüse giessen, die Backzeit bleibt sich gleich.

Ergänzen mit: 6 Scheiben Toastbrot (S. 16), 4 Scones (S. 18), 8 Ofenküchlein (S. 20) oder 150 g Brot nach Wahl.

Portion: 491 kcal, F 20 g, Kh 52 g, E 24 g

CORNFLAKES-MÜESLI

Vor- und zubereiten: ca. 2 Min.

80 g Cornflakes
2 EL getrocknete Heidelbeeren oder Cranberrys
4 dl Milch

Cornflakes und Heidelbeeren mischen, Milch darübergiessen.

Tipps

- Statt kalte lauwarme Milch verwenden.
- Statt getrocknete ca. 250 g frische Beeren nach Wahl verwenden.

Portion: 303 kcal, F 8 g, Kh 47 g, E 10 g

APFELJOGHURT

Vor- und zubereiten: ca. 5 Min.

360 g Joghurt nature
1 EL Zucker
1 Bio-Orange, nur wenig abgeriebene Schale und 2 EL Saft
2 Äpfel

Joghurt, Zucker, Orangenschale und -saft verrühren. Äpfel an der Röstiraffel dazureiben, mischen.

Tipp: Statt Äpfel 1 Baby-Ananas, in Stücken, oder ca. 250 g Beeren nach Wahl verwenden.

Ergänzen mit: 6 Scheiben Toastbrot (S. 16), 4 Scones (S. 18), 8 Ofenküchlein (S. 20) oder 150 g Brot nach Wahl.

Portion: 224 kcal, F 7 g, Kh 33 g, E 8 g

bonjour

Hafergrütze

Hafergrütze ist geschroteter Hafer. Er verleiht dem Porridge mehr Biss, so schmeckt er auch Leuten, die mit der musartigen Konsistenz von gekochten Haferflocken Mühe haben. Hafergrütze ist in Reformhäusern erhältlich. Wer die weichere Konsistenz bevorzugt, kann selbstverständlich statt Grütze auch Haferflocken verwenden.

PORRIDGE

Vor- und zubereiten: ca. 20 Min.

4 dl Wasser
¼ TL Salz
1 Zimtstange
1 Kardamomkapsel
90 g Hafergrütze

20 g Studentenfutter
1 EL Ahornsirup
1 Apfel, in Würfeli
1 EL Zitronensaft
200 g saurer Halbrahm

1. Wasser mit Salz, Zimtstange und Kardamomkapsel aufkochen, Hitze reduzieren. Hafergrütze beigeben, unter gelegentlichem Rühren bei kleiner Hitze ca. 10 Min. köcheln. Pfanne von der Platte nehmen, Zimtstange und Kardamomkapsel entfernen.
2. Studentenfutter und Ahornsirup daruntermischen, zugedeckt ca. 5 Min. ziehen lassen. Apfelwürfeli, Zitronensaft und sauren Halbrahm daruntermischen. Lauwarm oder kalt servieren.

Portion: 416 kcal, F 22 g, Kh 47 g, E 10 g

Zmorge-Tipp

Am Vortag zubereiten, zugedeckt kühl stellen. Vor dem Servieren warm werden lassen oder warm in einer Thermo-Lunchbox mitnehmen.

MILCHREIS MIT APRIKOSENKOMPOTT

Vor- und zubereiten: ca. 40 Min.

300g Aprikosen, in Vierteln
3 EL Wasser
1 EL flüssiger Honig
½ Vanillestängel, längs aufgeschnitten, Samen ausgekratzt

4dl Milch
60g Rundkornreis (z. B. Camolino)
½ Vanillestängel, längs aufgeschnitten, Samen ausgekratzt
1 Prise Zucker
1 Prise Salz
2 EL saurer Halbrahm

1 EL Zucker
¼ TL Zimt

1. Aprikosen, Wasser, Honig, Vanillestängel und -samen in einer Pfanne mischen, aufkochen. Hitze reduzieren, zugedeckt ca. 10 Min. dämpfen. Vanillestängel entfernen, Kompott beiseite stellen.
2. Milch mit allen Zutaten bis und mit Salz aufkochen, Hitze reduzieren, unter gelegentlichem Rühren bei kleiner Hitze ca. 25 Min. zu einem dicken, aber noch feuchten Brei köcheln. Vanillestängel entfernen, Rahm darunterrühren.
3. Zucker und Zimt mischen, mit dem Aprikosenkompott zum Milchreis servieren.

Tipps

> Statt frische tiefgekühlte Aprikosen oder Zwetschgen, angetaut, verwenden.

> Kompott weglassen, 4 Esslöffel dunkle Sultaninen unter den Milchreis mischen.

Portion: 411 kcal, F 11 g, Kh 68g, E 10g

Zmorge-Tipp

Am Vortag zubereiten, zugedeckt kühl stellen.

FRÜHSTÜCKSMÜESLI

MÜESLIMISCHUNG

Vor- und zubereiten: ca. 10 Min.
Ergibt 10 Portionen

330 g 5-Korn- oder Vollkorn-Haferflocken
40 g Mandelstifte
30 g dunkle Sultaninen

Flocken und Mandeln in einer beschichteten Bratpfanne bei mittlerer Hitze ca. 8 Min. rösten, auskühlen. Sultaninen daruntermischen.

Haltbarkeit: in einer Dose gut verschlossen ca. 1 Monat.

Portion (40 g): 138 kcal, F 3 g, Kh 22 g, E 5 g

WINTERMÜESLI

Vor- und zubereiten: ca. 10 Min.

360 g Joghurt nature
1 Bio-Zitrone, wenig abgeriebene Schale und 1 EL Saft
1 EL Ahornsirup
¼ TL Zimt
80 g Müeslimischung (siehe oben oder S. 34)
1 Orange, halbiert, in Scheiben
1 Apfel

Joghurt und alle Zutaten bis und mit Zimt verrühren. Müeslimischung und Orange daruntermischen, Apfel an der Röstiraffel dazureiben, mischen.

Portion: 331 kcal, F 10 g, Kh 50 g, E 13 g

Lunch-Tipp

Am Vortag zubereiten, zugedeckt kühl stellen. Ergänzen mit: 6 Scheiben Toastbrot (S. 16), 4 Scones (S. 18), 8 Ofenküchlein (S. 20) oder 150 g Brot nach Wahl.

FRÜHLINGSMÜESLI

Vor- und zubereiten: ca. 5 Min.

300 g Erdbeeren, in Vierteln
250 g Halbfettquark
1 EL flüssiger Honig
80 g Müeslimischung (siehe oben oder S. 34)

Die Hälfte der Erdbeeren mit dem Quark und dem Honig pürieren. Müeslimischung mit den restlichen Erdbeeren daruntermischen.

Portion: 359 kcal, F 11 g, Kh 47 g, E 18 g

Lunch-Tipp

Am Vortag zubereiten, zugedeckt kühl stellen. Ergänzen mit: 6 Scheiben Toastbrot (S. 16), 4 Scones (S. 18), 8 Ofenküchlein (S. 20) oder 150 g Brot nach Wahl.

FRÜHSTÜCKSMÜESLI

MÜESLIMISCHUNG

Vor- und zubereiten: ca. 10 Min.
Ergibt 10 Portionen

- **330 g Dinkel- oder Hirseflocken**
- **40 g Haselnüsse,** grob gehackt
- **30 g getrocknete Cranberrys oder Kirschen**

Dinkelflocken und Haselnüsse in einer beschichteten Bratpfanne bei mittlerer Hitze ca. 8 Min. rösten, auskühlen. Cranberrys daruntermischen.

Haltbarkeit: in einer Dose gut verschlossen ca. 1 Monat.

Portion (40 g): 155 kcal, F 3 g, Kh 24 g, E 6 g

SOMMERMÜESLI

Vor- und zubereiten: ca. 5 Min.

- **2 dl Milch**
- **180 g Joghurt nature**
- **1 EL Zucker**
- **80 g Müeslimischung** (siehe oben oder S. 32)
- **150 g Himbeeren**
- **1 Pfirsich,** in Stücken

Milch, Joghurt und Zucker verrühren. Müeslimischung, Himbeeren und Pfirsich daruntermischen.

Portion: 369 kcal, F 11 g, Kh 52 g, E 14 g

Lunch-Tipp

Am Vortag zubereiten, zugedeckt kühl stellen. Ergänzen mit: 6 Scheiben Toastbrot (S. 16), 4 Scones (S. 18), 8 Ofenküchlein (S. 20) oder 150 g Brot nach Wahl.

HERBSTMÜESLI

Vor- und zubereiten: ca. 10 Min.

- **2 dl Milch**
- **180 g Joghurt nature**
- **1 EL Birnendicksaft (Birnel)**
- **1 EL Zitronensaft**
- **80 g Müeslimischung** (siehe oben oder S. 32)
- **100 g Trauben,** halbiert
- **1 Birne,** in Würfeli

Milch, Joghurt, Birnendicksaft und Zitronensaft verrühren. Müeslimischung, Trauben und Birne daruntermischen.

Portion: 380 kcal, F 11 g, Kh 55 g, E 13 g

Lunch-Tipp

Am Vortag zubereiten, zugedeckt kühl stellen. Ergänzen mit: 6 Scheiben Toastbrot (S. 16), 4 Scones (S. 18), 8 Ofenküchlein (S. 20) oder 150 g Brot nach Wahl.

kalte mahlzeiten

RUNDUM GUT VERSORGT:

VITAMINE

Vitamine sind zwar kalorienfrei, für den menschlichen Stoffwechsel aber lebensnotwendig. Einige Vitamine reagieren sehr sensibel auf Hitze, Licht oder Sauerstoff. Deshalb sollten Obst und Gemüse immer möglichst frisch verzehrt und wenn, dann schonend gegart werden, um den Verlust an Vitaminen möglichst gering zu halten.

FÜNF AM TAG

Früchte, Gemüse und Kräuter haben die höchste Nähr- und Wirkstoffdichte, das heisst bezogen auf den Energiegehalt den höchsten Anteil an schützenden und gesundheitsfördernden Stoffen wie Vitamine, Mineralstoffe, Nahrungsfasern und sekundäre Pflanzenstoffe. Darum sollten pro Tag fünf Portionen dieser Lebensmittel auf dem Menüplan stehen. In der Praxis bedeutet das, dass täglich drei Portionen Gemüse und zwei Portionen Früchte auf dem Menüplan stehen sollten. 1 Portion entspricht mindestens 120 g.

BUNT WIE EIN REGENBOGEN

Jedes Lebensmittel leistet seinen ganz individuellen Beitrag zur Förderung des persönlichen Wohlbefindens. Deshalb lohnt es sich, möglichst viele verschiedene Lebensmittel zu geniessen. So liefert zum Beispiel Obst vor allem Vitamin C und Folsäure, Fleisch hingegen Vitamin B1, B6 und B12, fettreiche Fische (z. B. Lachs, Makrele) Vitamin D, knallige orange, grüne und rote Früchte und Gemüse Betacarotin. Je bunter der Teller, umso mehr der verschiedenen gesunden Nähr- und Wirkstoffe nimmt man zu sich.

SIND SUPPLEMENTE SINNVOLL?

In Apotheken und Drogerien gehören Supplemente, das heisst Nahrungsergänzungsmittel, zu den meistverkauften Artikeln: Vitamin-, Mineralstoff- und Kombi-Präparate finden regen Absatz. Dabei gilt es zu bedenken, dass Menschen, die sich ausgewogen ernähren, keine Nahrungsergänzungsmittel brauchen. Zudem gleichen diese kostspieligen Präparate ein schlechtes, das heisst unausgewogenes Essverhalten nicht aus. Darüber hinaus birgt ein Zuviel an Vitaminen und Mineralstoffen auch Gefahren für die Gesundheit. Nahrungsergänzungsmittel sollten daher nur in Absprache mit dem Arzt eingenommen werden.

GOJIBEEREN UND «SUPER FRUITS»

In jüngster Zeit hört man immer wieder von neuen Früchten, die in Hollywood en vogue sind. Sie sollen wahre Schönheitswunder vollbringen. Einige Früchte avancieren dann plötzlich zu «super fruits», denen unglaublich positive Wirkungen auf unsere Gesundheit nachgesagt werden, sie sollen sogar Krebs verhindern. Beispiele sind Mangostane oder Gojibeere. Ob sie Krebs verhindern, ist wissenschaftlich bis heute nicht belegt. Brauchen wir also solche Trendfrüchte wirklich? Wer sich regional und saisonal ernährt, dabei die Fünf-am-Tag-Regel beherzigt, kann sich mit einheimischen Früchten rundum gut versorgen.

TIEFKÜHLKOST IST BESSER ALS IHR RUF

Die Tiefkühltruhe ist eine praktische Lösung für viele: Man muss weniger oft einkaufen, Beeren, Steinobst und Gemüse können lange gelagert und auch ausserhalb ihrer Saison genossen werden. Dabei ist kaum ein Vitaminverlust zu verzeichnen. Da Obst und Gemüse für Tiefkühlprodukte gleich nach der Ernte verarbeitet und gefroren werden, enthalten sie oft sogar mehr Vitamine als die vermeintlich frischen Pendants, die durch Transport und Lagerung lange Licht und Luft ausgesetzt sind.

VITAMINTIPPS

Geschält werden sollten nur Gemüse- und Obstsorten, bei denen es unbedingt nötig ist. Denn in der Schale sind viele Wirkstoffe verborgen. Frischprodukte möglichst saisongerecht einkaufen und rasch, das heisst frisch geniessen. Dabei auch auf Ausgewogenheit achten: Ein Teil der Pflanzenkost (Gemüse und Früchte) sollte ungekocht genossen werden, zum Beispiel Früchte und Salate. Wird Gemüse oder Obst gekocht, sollte dies möglichst schonend zubereitet werden.

REISSALAT MIT GERÄUCHERTER FORELLE

Vor- und zubereiten: ca. 30 Min.

100 g Langkornreis (z. B. Parboiled)
Salzwasser, siedend

3 Passionsfrüchte, halbiert
½ EL Senf
2 EL Olivenöl
½ dl Gemüsebouillon
Salz, Pfeffer, nach Bedarf

120 g Nüsslisalat
240 g geräucherte Forellenfilets, in Stücken

1. Reis im Salzwasser ca. 20 Min. kochen, abtropfen.
2. Passionsfruchtfleisch auskratzen, durch ein Sieb in eine Schüssel streichen (ergibt ca. 4 Esslöffel). Senf, Öl und Bouillon beigeben, verrühren, würzen.
3. Nüsslisalat und Forellenfilets auf Teller verteilen, ca. 3 Esslöffel Sauce darüberträufeln. Restliche Sauce mit dem Reis mischen, dazu servieren.

Portion: 459 kcal, F 17 g, Kh 43 g, E 32 g

POISS

WINTERGEMÜSESALAT

Vor- und zubereiten: ca. 30 Min.
Backen: ca. 30 Min.

- **300 g Kartoffeln** (z. B. Blaue St. Galler oder Baby-Kartoffeln), in Schnitzen
- **200 g rohe Randen,** in ca. 1 cm grossen Würfeln
- **200 g Rüebli,** längs halbiert, in Stücken
- **200 g Sellerie,** in ca. 5 mm dicken Stängeln
- **1 rote Zwiebel,** in Schnitzen
- **1 Knoblauchzehe,** halbiert
- **½ EL Rapsöl**
- **½ TL Fleur de Sel**
- **wenig Pfeffer**

- **1 Bio-Orange,** abgeriebene Schale und 3 EL Saft
- **1 EL Weissweinessig**
- **2 EL Rapsöl**
- **2 EL Petersilie,** fein geschnitten
- **1 TL Fleur de Sel**
- **wenig Pfeffer**
- **60 g Sbrinz**

1. Kartoffeln und alle Zutaten bis und mit Pfeffer in einer Schüssel mischen, auf einem mit Backpapier belegten Blech verteilen.
2. **Backen:** ca. 30 Min. in der Mitte des auf 200 Grad vorgeheizten Ofens, herausnehmen.
3. Orangenschale und alle Zutaten bis und mit Pfeffer verrühren. Gemüse beigeben, mischen, lauwarm auf Teller verteilen, Sbrinz darüberhobeln.

Portion: 466 kcal, F 26 g, Kh 41 g, E 15 g

Lunch-Tipp

Am Vortag zubereiten, zugedeckt kühl stellen.

Gesunde Bitterstoffe in Petersilie und Co.

Trotz ihres angenehmen Geschmacks enthält Petersilie reichlich Bitterstoffe, denen man eine wohltuende Wirkung für die Gesundheit zuschreibt: So sollen sie eine heisshungerdämpfende Wirkung haben. Gleichzeitig wirken sie verdauungsfördernd und regen den Stoffwechsel an. Schon kleine Mengen reichen aus. Bitterstoffe sind auch enthalten in Estragon, Liebstöckel, Thymian, Rosmarin, Salbei und Rucola, aber auch in Gemüse (z. B. Artischocken, Zichoriengewächsen, Rosenkohl, Fenchel und Löwenzahn).

BLUMENKOHLSALAT MIT POULET

Vor- und zubereiten: ca. 35 Min.

---

1 **Blumenkohl** (ca. 600 g), in Röschen
1 **Apfel,** in Schnitzen
240 g **Pouletbrüstli,** längs halbiert
¼ TL **Salz**
wenig **Pfeffer**

---

2 EL **Aceto balsamico bianco**
1 EL **Olivenöl**
1 dl **Gemüsebouillon**
1 **Briefchen Safran**
2 EL **glattblättrige Petersilie,** grob geschnitten
Salz, Pfeffer, nach Bedarf
150 g **Fladen- oder Halbweissbrot**

---

1. Ein Dämpfkörbchen in eine weite Pfanne stellen, Wasser bis knapp unter den Körbchenboden einfüllen, Blumenkohl und Apfel beigeben. Pouletbrüstli darauflegen, würzen, zugedeckt bei mittlerer Hitze ca. 10 Min. garen. Poulet herausnehmen, etwas abkühlen, in Streifen zupfen.
2. Aceto und alle Zutaten bis und mit Petersilie verrühren. Blumenkohl und Pouletstreifen beigeben, mischen, würzen. Brot dazu servieren.

Portion: 459 kcal, F 9 g, Kh 51 g, E 40 g

Lunch-Tipp

Am Vortag zubereiten, zugedeckt kühl stellen.

SPARGELSALAT MIT KICHERERBSEN

Vor- und zubereiten: ca 30 Min.

2 EL Oliven- oder Rapsöl
500 g grüne Spargeln, unteres Drittel geschält, schräg in ca. 3 cm langen Stücken
250 g Frühkartoffeln, in ca. 5 mm dicken Scheiben
1 Schalotte, fein gehackt
1 Dose Kichererbsen (ca. 400 g), abgespült, abgetropft
¼ TL Salz
wenig Pfeffer

1 TL Senf
1 Limette, heiss abgespült, trocken getupft, wenig abgeriebene Schale und ½ EL Saft
½ EL Oliven- oder Rapsöl
180 g Joghurt nature
¼ TL Salz
wenig Pfeffer
2 EL Kerbel oder Pfefferminze, fein geschnitten

1. Öl in einer beschichteten Bratpfanne heiss werden lassen. Hitze reduzieren, Spargeln und Kartoffeln unter gelegentlichem Wenden ca. 15 Min. braten. Schalotte und Kichererbsen daruntermischen, würzen, heiss werden lassen.
2. Senf und alle Zutaten bis und mit Joghurt mit dem Mixstab aufschäumen, würzen, mit dem Gemüse und dem Kerbel mischen.

Portion: 498 kcal, F 21 g, Kh 55 g, E 20 g

Lunch-Tipp

Am Vortag zubereiten, zugedeckt kühl stellen.

COUSCOUS-SALAT MIT THON

Vor- und zubereiten: ca. 35 Min.

- 1 **Gurke** (ca. 400 g), längs halbiert, entkernt, in Würfeli
- 120 g **Couscous**
- 3 **Bundzwiebeln mit dem Grün,** in Ringen
- 1 **Bio-Zitrone,** abgeriebene Schale und Saft
- 1 **roter Chili,** entkernt, fein gehackt
- 1 TL **Salz**
- 2½ dl **Wasser,** siedend

- 1 Dose **Thon in Salzwasser** (ca. 200 g), abgetropft, zerzupft
- 200 g **Tomaten,** in Würfeli
- 4 EL **glattblättrige Petersilie,** fein geschnitten
- 4 EL **Pfefferminze,** fein geschnitten
- 2 EL **Olivenöl**
- **Salz, Pfeffer,** nach Bedarf

1. Gurke und alle Zutaten bis und mit Salz in einer Schüssel mischen. Wasser darübergiessen, zugedeckt ca. 10 Min. quellen lassen.
2. Thon und alle Zutaten bis und mit Öl beigeben, mischen, würzen.

Tipp: Statt Bundzwiebeln und Tomaten 2 Zwiebeln und 20 g getrocknete Tomaten in Öl, sehr gut trocken getupft, in Streifen, verwenden.

Portion: 479 kcal, F 14 g, Kh 57 g, E 30 g

Lunch-Tipp

Am Vortag zubereiten, zugedeckt kühl stellen.

Couscous
ist gemahlener Griess aus Weizen, der mit Wasser besprengt, zu kleinen Kügelchen geformt, gedämpft und anschliessend getrocknet wird. Ursprünglich wurden die Kügelchen aufwändig von Hand gerollt, gesiebt, wieder mit Wasser besprengt und gerollt, bis alle Kügelchen gleich gross waren. In Nordafrika wird Couscous heute noch häufig so hergestellt.

TEIGWARENSALAT MIT ARTISCHOCKEN

Vor- und zubereiten: ca. 30 Min.

100 g	**Teigwaren** (z. B. Farfalle)
	Salzwasser, siedend
1	**Bio-Zitrone,** abgeriebene Schale und 2 EL Saft
2 EL	**Olivenöl**
1 TL	**Salz**
wenig	**Pfeffer**
400 g	**Tomaten,** in Schnitzen
1 Dose	**Artischockenherzen** (ca. 400 g), abgetropft, in Vierteln
150 g	**Ziegenfrischkäse** (z. B. Formaggini), zerbröckelt
3 EL	**Basilikum,** fein geschnitten
	Salz, Pfeffer, nach Bedarf

1. Teigwaren im Salzwasser al dente kochen, abtropfen.
2. Zitronenschale und -saft mit dem Öl verrühren, würzen. Teigwaren beigeben, mischen.
3. Tomaten, Artischocken, Frischkäse und Basilikum daruntermischen, würzen.

Tipp: Statt Ziegenfrischkäse Feta oder fettreduzierten Frischkäse verwenden.

Portion: 490 kcal, F 23 g, Kh 52 g, E 16 g

Lunch-Tipp

Am Vortag zubereiten, zugedeckt kühl stellen.

MELONEN-GURKEN-SUPPE MIT KÄSECHIPS

Vor- und zubereiten: ca. 30 Min.
Kühl stellen: ca. 1 Std.
Ergibt ca. 1 Liter Suppe und ca. 12 Chips

100 g Couscous
1 dl Wasser, siedend

½ Melone (z. B. Galia), in Stücken (ergibt ca. 300 g)
1 Gurke, geschält, längs halbiert, entkernt, in Stücken (ergibt ca. 300 g)
6 Basilikumblätter, zerzupft
3 dl Wasser
1¼ TL Salz
wenig Pfeffer

100 g geriebener Sbrinz

einige essbare Blüten (z. B. Gänseblümchen, Stiefmütterchen)
20 g Sprossen-Mix

1. **Suppe:** Couscous in eine Schüssel geben, Wasser darübergiessen, zugedeckt ca. 5 Min. quellen lassen. Couscous mit einer Gabel lockern.
2. Die Hälfte des Couscous mit der Melone und allen Zutaten bis und mit Wasser pürieren, würzen. Suppe zugedeckt ca. 1 Std. kühl stellen.
3. **Käsechips:** Restliches Couscous mit dem Käse mischen. Eine beschichtete Bratpfanne warm werden lassen. Häufchen von je 1 Esslöffel Käsemasse in die Pfanne geben, portionenweise beidseitig je ca. 2 Min. goldgelb backen. Chips sorgfältig herausnehmen, auf einem Gitter auskühlen.
4. Suppe anrichten, mit Blüten garnieren. Käsechips mit Sprossen garnieren, dazu servieren.

Portion: 465 kcal, F 17 g, Kh 52 g, E 24 g

Lunch-Tipp

Am Vortag zubereiten, zugedeckt kühl stellen. Garnituren separat mitnehmen.

GAZPACHO MIT MOZZARELLA

Vor- und zubereiten: ca. 25 Min.
Kühl stellen: ca. 1 Std.
Ergibt ca. 1 Liter

- **400 g Fleischtomaten,** in Stücken
- **1 Gurke** (ca. 400 g), in Stücken
- **1 rote Peperoni** (ca. 200 g), in Stücken
- **1 Zwiebel,** in Stücken
- **1 Knoblauchzehe,** halbiert
- **100 g Ruchbrot,** in Stücken
- **3 dl Gemüsebouillon,** kalt
- **1 EL Tomatenpüree**
- **2 EL Olivenöl**
- **1½ TL Salz**
- **wenig Pfeffer**

- **120 g Mozzarella-Perlen**
- **1 EL Basilikum,** fein geschnitten
- **1 EL Pfefferminze,** fein geschnitten

1. Tomaten mit allen Zutaten bis und mit Öl pürieren, würzen. Suppe zugedeckt ca. 1 Std. kühl stellen.
2. Mozzarella, Basilikum und Pfefferminze mischen, auf der Suppe verteilen.

Portion: 480 kcal, F 26 g, Kh 41 g, E 21 g

Lunch-Tipp

Am Vortag zubereiten, zugedeckt kühl stellen.

KALTE ZWETSCHGEN-TOMATEN-SUPPE

Vor- und zubereiten: ca. 30 Min.
Kühl stellen: ca. 1 Std.
Ergibt ca. 1 Liter

1 EL Oliven- oder Rapsöl
1 Schalotte, grob gehackt
½–1 roter Chili, halbiert, entkernt
400 g Tomaten, in Stücken
300 g Zwetschgen, entsteint, in Vierteln
1 Zweiglein Oregano
4 dl Wasser
¾ TL Salz

2 Laugenbrezel (je ca. 75 g), aufgeschnitten
1 EL Senf
60 g Parmesan, in Spänen

1. Öl in einer Pfanne warm werden lassen. Schalotte und alle Zutaten bis und mit Oregano ca. 5 Min. andämpfen. Wasser dazugiessen, aufkochen, salzen. Hitze reduzieren, zugedeckt ca. 20 Min. köcheln. Oregano entfernen, pürieren, auskühlen, zugedeckt ca. 1 Std. kühl stellen.
2. Brezeln mit Senf bestreichen, mit Käse füllen, zur Suppe servieren.

Tipp: Statt frische tiefgekühlte Zwetschgen verwenden.

Portion: 477 kcal, F 18 g, Kh 59 g, E 20 g

Lunch-Tipp

Am Vortag zubereiten, zugedeckt kühl stellen.

CLUB-SANDWICH

Vor- und zubereiten: ca. 35 Min.

½ EL Olivenöl
1 Pouletbrüstli (ca. 150 g), längs halbiert
¼ TL Paprika
¼ TL Salz

½ EL Olivenöl
2 frische Eier

100 g Halbfettquark
1 EL Ketchup
6 Scheiben Toastbrot (ca. 150 g), getoastet
200 g Tomaten, in Scheiben
½ Gurke (ca. 200 g), in feinen Scheiben
wenig Rucola, evtl. grobe Stiele entfernt
6 Holzspiesschen
Salz, Pfeffer, nach Bedarf

1. Öl in einer beschichteten Bratpfanne heiss werden lassen. Poulet bei mittlerer Hitze beidseitig je ca. 4 Min. braten. Herausnehmen, würzen, in Streifen schneiden.
2. Öl in derselben Pfanne warm werden lassen. Eier nacheinander aufschlagen, hineingleiten lassen, bei kleiner Hitze ca. 2 Min. braten, sobald die Eigelbe weiss überzogen sind, Spiegeleier sorgfältig wenden, ca. 2 Min. fertig braten. Spiegeleier herausnehmen, dritteln.
3. Quark und Ketchup verrühren, Toastbrotscheiben mit wenig Quark bestreichen. 3 Toasts mit Poulet, wenig Tomaten, Gurken, Rucola und Spiegelei belegen, mit restlichen Toasts bedecken. Je 2 Holzspiesschen in die Sandwiches stecken, diagonal halbieren. Restliches Gemüse und Quark würzen, dazu servieren.

Portion: 502 kcal, F 19 g, Kh 47 g, E 36 g

Lunch-Tipp: Club-Salat

Alle Zutaten ohne Rucola und Toastbrote mischen, kühl stellen. Rucola, Toastbrote und Salat separat mitnehmen, Rucola unter den Salat mischen, Brot dazu servieren. Statt Spiegeleier zwei hart gekochte Eier verwenden.

BÜNDNERBRÖTLI MIT EI UND RETTICHSALAT

Vor- und zubereiten: ca. 25 Min.

---

1 **Rettich** (ca. 350 g), fein gehobelt
1 Bund **Radiesli mit wenig Grün,** Radiesli in feinen Schnitzen, Grün fein geschnitten
¼ TL **Salz**
wenig **Pfeffer**

---

100 g **Magerquark**
1 EL **grobkörniger Senf**
2 **Eier,** hart gekocht, ausgekühlt, grob gehackt
Salz, Pfeffer, nach Bedarf
2 **Semmeli** (je ca. 70 g)
120 g **Bündnerfleisch in Tranchen**

---

1. Rettich und Radiesli mischen, würzen.
2. Quark, Senf und Eier mischen, würzen. Brötchen halbieren, Eimasse auf die Brötchenböden verteilen. Bündnerfleisch, wenig Rettichsalat und Brötchendeckel darauflegen. Restlichen Salat dazu servieren.

Portion: 463 kcal, F 10 g, Kh 47 g, E 44 g

Lunch-Tipp

Rettichsalat und Bündnerbrötli am Vortag zubereiten, separat in Folie eingepackt kühl stellen, Salat separat mitnehmen.

VERDURA TONNATA

Vor- und zubereiten: ca. 30 Min.
Ziehen lassen: ca. 30 Min.

3 dl Gemüsebouillon
1 Bio-Zitrone, ½ abgeriebene Schale und 2 EL Saft
500 g kleine Artischocken (Carciofini)
200 g Fenchel, fein gehobelt

1 EL Olivenöl
Salz, Pfeffer, nach Bedarf

2 Dosen Thon in Salzwasser (je ca. 200 g), abgetropft
100 g fettreduzierter Frischkäse (Philadelphia Balance)
1 EL Dill, fein geschnitten
Salz, Pfeffer, nach Bedarf
12 Kapernäpfel, abgetropft
100 g Kernenbrot (z. B. Rustique), in Scheiben

1. Bouillon mit Zitronenschale und -saft in einer weiten Pfanne aufkochen. Von den Artischocken je die untersten 2–3 Reihen Blätter des Blütenkopfs entfernen, restliche Blattspitzen um ca. ⅓ kürzen. Artischocken halbieren, sofort mit der Schnittfläche nach unten in den Sud legen, zugedeckt bei kleiner Hitze ca. 10 Min. köcheln. Pfanne von der Platte nehmen, Fenchel beigeben, mischen, zugedeckt ca. 30 Min. ziehen lassen.
2. Gemüse abtropfen, dabei Sud auffangen. Gemüse und Öl mischen, würzen, auf Teller verteilen.
3. Thon mit Frischkäse und 2 dl des aufgefangenen Suds pürieren, Dill darunterrühren, würzen. Sauce und Kapernäpfel auf dem Gemüse verteilen, mit dem Brot servieren.

Portion: 546 kcal, F 24 g, Kh 29 g, E 53 g

Lunch-Tipp

Am Vortag zubereiten, zugedeckt kühl stellen.

MOSTBRÖCKLI-TATAR AUF GEMÜSE

Vor- und zubereiten: ca. 30 Min.

3 EL Weissweinessig
2 EL Rapsöl
½ dl Gemüsebouillon, heiss
1 rote Zwiebel, fein gehackt
1 Päckli Gemüsewürfeli (z. B. Brunoise, 70 g)
2 EL glattblättrige Petersilie, fein geschnitten
Salz, Pfeffer, nach Bedarf

300 g Zucchini, fein gehobelt
200 g Kohlrabi, fein gehobelt

200 g Tomaten, entkernt, in Würfeli
120 g Mostbröckli in Tranchen, fein geschnitten
Salz, Pfeffer, nach Bedarf
2 Semmeli (je ca. 70 g)

1. Essig und alle Zutaten bis und mit Petersilie verrühren, würzen.
2. Zucchini und Kohlrabi auf Tellern verteilen, Sauce darüberträufeln.
3. Tomaten und Mostbröckli mischen, würzen, auf dem Gemüse verteilen. Brötchen dazu servieren.

Portion: 491 kcal, F 16 g, Kh 52 g, E 33 g

Lunch-Tipp

Am Vortag zubereiten, zugedeckt kühl stellen.

RATATOUILLE-SALAT MIT FETA

Vor- und zubereiten: ca. 35 Min.
Backen/rösten: ca. 25 Min.

---

300 g Auberginen, in ca. 1 cm grossen Würfeln
200 g Zucchini, in ca. 1 cm grossen Würfeln
1 gelbe Peperoni (ca. 200 g), in ca. 1 cm grossen Stücken
1 Schalotte, in Schnitzchen
1 Knoblauchzehe, in Scheibchen
½ EL Olivenöl
½ TL Salz
wenig Pfeffer

---

1 kleines Baguette (ca. 150 g), längs halbiert
1 Knoblauchzehe, gepresst

---

1 TL Senf
1 EL Aceto balsamico
½ EL Olivenöl
200 g Tomaten, in ca. 1 cm grossen Würfeln
100 g Feta, zerbröckelt
2 EL Basilikum, grob geschnitten
Salz, Pfeffer, nach Bedarf

---

1. Aubergine und alle Zutaten bis und mit Pfeffer in einer Schüssel mischen, auf einem mit Backpapier belegten Blech verteilen.
2. **Backen:** ca. 20 Min. in der Mitte des auf 200 Grad vorgeheizten Ofens. Gemüse herausnehmen. Baguette auf das Ofengitter legen, ca. 5 Min. in der Mitte des Ofens rösten. Baguette herausnehmen, Knoblauch darauf verteilen.
3. Senf, Aceto und Öl mischen. Gemüse, Tomaten, Feta und Basilikum beigeben, mischen, würzen.

Tipp: Statt Peperoni 1 zusätzliche Zucchini verwenden.

Portion: 492 kcal, F 18 g, Kh 59 g, E 21 g

Lunch-Tipp

Am Vortag zubereiten, zugedeckt kühl stellen.

Regenbogen auf dem Teller

Bunter gleich gesünder: Das gilt vor allem für das Gemüse auf dem Teller. Denn jede Gemüsesorte hat andere Inhaltsstoffe. Und je vielfältiger die Mischung, umso besser ist man mit allen wichtigen Vitalstoffen versorgt. Zudem sorgt die Mischung auch für geschmackliche Abwechslung und verschiedene Konsistenzen. So fällt es uns leichter, grössere Gemüsemengen zu essen.

BULGUR-SALAT MIT DIP

Vor- und zubereiten: ca. 30 Min.

½ EL Olivenöl
300g Stangensellerie, in Würfeli
120g Bulgur
4dl Wasser
½ TL Salz
wenig Pfeffer

1 EL Weissweinessig
1 EL Olivenöl
4 EL Gemüsebouillon
250g Cherry-Tomaten, halbiert
Salz, Pfeffer, nach Bedarf
100g Eichblattsalat, zerzupft

250g Halbfettquark
Salz, Pfeffer, nach Bedarf
20g Randensprossen

1. Öl in einer Pfanne warm werden lassen. Stangensellerie ca. 2 Min. andämpfen, Bulgur beigeben, unter Rühren dünsten. Wasser dazugiessen, würzen, aufkochen, zugedeckt bei kleiner Hitze ca. 15 Min. köcheln.
2. Essig, Öl und Bouillon verrühren. Die Hälfte der Sauce mit dem Bulgur und den Tomaten mischen, würzen. Eichblattsalat auf Teller verteilen, restliche Sauce darüberträufeln. Bulgursalat darauf anrichten.
3. Quark würzen, Sprossen beigeben, zum Salat servieren.

Portion: 463 kcal, F 18 g, Kh 54 g, E 21 g

Lunch-Tipp

Bulgur-Salat und Quark am Vortag zubereiten, zugedeckt kühl stellen. Eichblattsalat separat mitnehmen.

BOHNENSALAT MIT BRESAOLA

Vor- und zubereiten: ca. 35 Min.

250 g fest kochende Kartoffeln, in ca. 1 cm grossen Würfeln
150 g Bohnen
100 g Coco-Bohnen, schräg in ca. 2 cm langen Stücken
400 g Erbsli, ausgelöst (ergibt ca. 100 g)
Salzwasser, siedend

1 Bio-Zitrone, abgeriebene Schale und 2 EL Saft
2 EL Oliven- oder Rapsöl
1 Knoblauchzehe, gepresst
1 roter Peperoncino, entkernt, fein gehackt
1 EL Bohnenkraut, fein geschnitten
½ TL Salz
1 Dose weisse Bohnen (ca. 400 g; z. B. Cannellini), abgespült, abgetropft
100 g Bresaola in Tranchen

1. Kartoffeln, Bohnen und Erbsli im Salzwasser ca. 10 Min. knapp weich kochen, abtropfen.
2. Zitronenschale und alle Zutaten bis und mit Salz verrühren. Kartoffeln, Bohnen, Erbsli und weisse Bohnen beigeben, mischen, zugedeckt ca. 10 Min. ziehen lassen. Bresaola dazu servieren.

Tipp: Statt frische tiefgekühlte Bohnen und Erbsli verwenden.

Portion: 457 kcal, F 15 g, Kh 43 g, E 31 g

Lunch-Tipp

Salat am Vortag zubereiten, zugedeckt kühl stellen, Bresaola separat mitnehmen.

Speck geniessen beim Abnehmen?

Ja, das geht, wenn man den Trick kennt! 100 g Bratspeck enthalten ca. 30 g Muskelfleisch und 70 g Fett. Wird der Speck langsam knusprig gebraten, läuft das Fett aus, übrig bleibt das schmackhafte, knusprige und schlanke Muskelfleisch. Wichtig: Die gebratenen Specktranchen auf Haushaltpapier gut abtropfen und das ausgelaufene Fett in der Pfanne nicht weiterverwenden.

FRISÉE MIT KNUSPERSPECK UND EI

Vor- und zubereiten: ca. 30 Min.

100 g Bratspeck in Tranchen

4 Scheiben Vollkorn-Toastbrot (ca. 100 g), in Würfeli

100 g blaue Trauben, halbiert, entkernt

1 EL grobkörniger Senf

2 EL Aceto balsamico

2 EL Olivenöl

1 TL flüssiger Honig

1 EL Schnittlauch, fein geschnitten

Salz, Pfeffer, nach Bedarf

200 g Frisée, in Streifen

200 g Rüebli, grob gerieben

3 Eier, hart gekocht, in Vierteln

1. Speck in einer beschichteten Bratpfanne langsam sehr knusprig braten, zum Abtropfen auf Haushaltpapier beiseite legen, Pfanne ausreiben.
2. Brotwürfeli in derselben Pfanne ca. 5 Min. rösten, Trauben beigeben.
3. Senf und alle Zutaten bis und mit Schnittlauch in einer Schüssel verrühren, würzen. Salat, Rüebli, Brotwürfeli und Trauben beigeben, mischen, auf Teller verteilen, mit Speck und Eiern garnieren.

Portion: 473 kcal, F 24 g, Kh 41 g, E 23 g

Lunch-Tipp

Am Vortag zubereiten, Salat und Sauce separat zugedeckt kühl stellen.

QUINOA-SALAT MIT TOMME

Vor- und zubereiten: ca. 35 Min.

1 EL	**Olivenöl**
1	**Bundzwiebel mit dem Grün,** in Ringen
80 g	**Quinoa** (z. B. Tricolore)
2	**Zweiglein Thymian**
1½ dl	**Gemüsebouillon**
2	**rote Peperoni** (ca. 400 g), in feinen Streifen
200 g	**Zucchini,** in Würfeli
1 EL	**grobkörniger Senf**
1 EL	**Aceto balsamico bianco**
1 EL	**Olivenöl**
	Salz, Pfeffer, nach Bedarf
1	**Tomme** (ca. 100 g)

1. Öl in einer Pfanne warm werden lassen. Bundzwiebel andämpfen, Quinoa und Thymian beigeben, dünsten. Bouillon dazugiessen, aufkochen, zugedeckt bei kleiner Hitze ca. 5 Min. köcheln. Peperoni und Zucchini beigeben, zugedeckt unter gelegentlichem Rühren ca. 10 Min. knapp weich köcheln. Thymianzweiglein entfernen. Quinoa-Gemüse etwas abkühlen.
2. Senf, Aceto und Öl verrühren, mit dem Quinoa-Gemüse mischen, würzen.
3. Käse in einer beschichteten Bratpfanne bei kleiner Hitze beidseitig je ca. 3 Min. warm werden lassen. Käse halbieren, auf dem Quinoa-Salat anrichten.

Portion: 485 kcal, F 27 g, Kh 38 g, E 20 g

Lunch-Tipp

Salat am Vortag zubereiten, zugedeckt kühl stellen. Den Käse ungewärmt dazu servieren.

KARTOFFELSALAT MIT RANDEN

Vor- und zubereiten: ca. 40 Min.
Ziehen lassen: ca. 30 Min.

1 dl Wasser
2 TL Gemüsebouillonpulver
2 EL Weissweinessig
1 rote Zwiebel, in feinen Streifen
1 EL milder Senf
1 EL Rapsöl

400 g Gschwellti (fest kochende Sorte), heiss

300 g gekochte Randen, in Würfeli
400 g Hüttenkäse nature
3 EL Schnittlauch, fein geschnitten
1–2 EL Meerrettich, fein gerieben
¼ TL Salz

1. Wasser mit Bouillonpulver, Essig und Zwiebel aufkochen, in eine Schüssel giessen. Senf und Öl beigeben, verrühren.
2. Kartoffeln schälen, in Scheiben schneiden, zur Sauce geben, mischen, zugedeckt ca. 30 Min. ziehen lassen.
3. Randen und alle restlichen Zutaten beigeben, mischen.

Portion: 469 kcal, F 16 g, Kh 46 g, E 31 g

Lunch-Tipp

Am Vortag zubereiten, zugedeckt kühl stellen.

CURRY-DRESSING

Vor- und zubereiten: ca. 5 Min.
Ergibt ca. 2½ dl (ca. 8 Portionen von je 2 EL)

2 EL Aceto balsamcio bianco
2 EL Rapsöl
200 g saurer Halbrahm
1 EL Wasser
1 TL flüssiger Honig
1½ EL milder Curry
Salz, Pfeffer, nach Bedarf

Aceto und alle Zutaten bis und mit Curry verrühren, würzen.

Tipp: Statt Curry Ketchup verwenden.

Haltbarkeit: gut verschlossen im Kühlschrank ca. 4 Tage. Vor Gebrauch aufrühren.

Portion (2 EL): 83 kcal, F 7 g, Kh 3 g, E 1 g

KRÄUTER-VINAIGRETTE

Vor- und zubereiten: ca. 5 Min.
Ergibt ca. 2 dl (ca. 6 Portionen von je 2 EL)

2 EL Weissweinessig
2 EL Rapsöl
1 dl Gemüsebouillon
20 g Rucola, fein geschnitten
4 EL Schnittlauch, fein geschnitten
1 EL Kapern oder Essiggurken, fein gehackt
Salz, Pfeffer, nach Bedarf

Essig und alle Zutaten bis und mit Kapern verrühren, würzen.

Haltbarkeit: gut verschlossen im Kühlschrank ca. 3 Tage. Vor Gebrauch aufrühren.

Portion (2 EL): 39 kcal, F 4 g, Kh 0 g, E 1 g

ERBSLI-DRESSING

Vor- und zubereiten: ca. 5 Min.
Ergibt ca. 2½ dl (ca. 8 Portionen von je 2 EL)

150 g tiefgekühlte Erbsli, angetaut
1 EL Zitronensaft
2 EL Olivenöl
1 dl Gemüsebouillon
2 EL Petersilie, grob geschnitten
2 EL Pfefferminze, grob geschnitten
Salz, Pfeffer, nach Bedarf

Erbsli mit allen Zutaten bis und mit Pfefferminze pürieren, würzen.

Haltbarkeit: gut verschlossen im Kühlschrank ca. 4 Tage. Vor Gebrauch aufrühren.

Portion (2 EL): 43 kcal, F 3 g, Kh 2 g, E 1 g

CAESAR-DRESSING

Vor- und zubereiten: ca. 5 Min.
Ergibt ca. 2 dl (ca. 6 Portionen von je 2 EL)

2 Eier, hart gekocht, ausgekühlt
1 EL Zitronensaft
1 EL Rapsöl
100 g Joghurt nature
20 g geriebener Parmesan
1 Knoblauchzehe, in Scheibchen
¼ TL Salz
wenig Pfeffer

Eier mit allen restlichen Zutaten pürieren.

Haltbarkeit: gut verschlossen im Kühlschrank ca. 3 Tage. Vor Gebrauch aufrühren.

Portion (2 EL): 68 kcal, F 5 g, Kh 1 g, E 4 g

2 dl

suppen & eintöpfe

RUNDUM GUT VERSORGT:

MINERALSTOFFE

Im Körper funktioniert nichts ohne Mineralstoffe. Sie sind im Gegensatz zu den Vitaminen kaum empfindlich auf Hitze, Licht oder Sauerstoff. Sie können aber bei der Zubereitung durch Wasser ausgelaugt werden. Deshalb sollte Gemüse eher gedämpft und nicht in viel Wasser gekocht werden.

ÖFTERS MAL DAS VOLLE KORN

Wer mehr Vollkornprodukte in seiner Ernährung einplanen möchte, hat nicht nur Vollkornteigwaren, Vollkornbrot und Vollkornreis zur Auswahl, auch Quinoa, Hirse, Bulgur und Vollkornflocken bereichern den Menüplan. Ob Nudeln, Reis oder Brot – die aus Weissmehl hergestellten Produkte liefern nahezu so viel Mineralstoffe wie die Vollkornvariante. Vollkornprodukte haben aber den Vorteil, dass sie mehr Nahrungsfasern enthalten und dadurch länger sättigen. Darüber hinaus sind die Nahrungsfasern für eine gut funktionierende Verdauung sehr wichtig.

SAMMELBEGRIFF MINERALSTOFFE

Sowohl Mengenelemente als auch Spurenelemente sind anorganische Stoffe, die unser Körper unbedingt benötigt, um gesund und vital zu funktionieren. Unter Mengenstoffen versteht man jene Stoffe, die in grosser Menge im Körper vorhanden sind bzw. in grosser Menge benötigt werden. Spurenelemente werden diejenigen Mineralstoffe genannt, die der Körper nur in sehr geringen Mengen – also in Spuren oder Prisen – benötigt. Trotzdem sind auch sie lebenswichtig. Sie sind zum Beispiel Bestandteil von Enzymen.

MENGENELEMENTE

> Kalzium ist wichtig für Zähne und Knochen, für die Blutgerinnung sowie die Erregbarkeit der Muskeln. Quellen: Milchprodukte, Mineralwasser, grünes Gemüse, Vollkornprodukte.

> Magnesium ist wichtig für den Stoffwechsel und die Reizübertragung in den Nerven. Quellen: Nüsse, Vollkornprodukte, Hülsenfrüchte, Bananen, dunkle Schokolade, Mineralwasser.

> Natrium ist wichtig für viele Stoffwechselabläufe wie die Nervenerregung und den Wasserhaushalt. Quelle: Kochsalz.

> Kalium ist wichtig für das Herz, die Nerven und Muskeln. Quellen: Hülsenfrüchte, Kartoffeln, Nüsse, Bananen.

> Chlorid ist ein wichtiger Bestandteil der Magensäure, es hat zudem eine wichtige Funktion in der Regulierung des Säure-Basen-Haushalts. Quelle: Kochsalz.

SPURENELEMENTE

> Jod ist erforderlich für die Bildung von Schilddrüsenhormonen.

> Eisen braucht der Körper zur Blutbildung.

> Fluor ist wichtig für gesunde Zähne.

SALZ – MEHR ALS EIN GEWÜRZ

Salz ist lebenswichtig für unsere Gesundheit. Kochsalz, aber auch Meersalz, Kristallsalz, Streusalz, Kräutersalz, Bouillon und salzhaltige Gewürzmischungen enthalten die beiden Mineralstoffe Natrium und Chlorid. Salz nehmen wir aber nicht nur durch Gerichte, die wir damit würzen, auf. Salz steckt auch in verarbeiteten Produkten wie Brot, Käse, Wurstwaren, Fertiggerichten und Dosengemüse. Mit diesen Produkten nehmen wir den grössten Teil unseres Salzkonsums zu uns, eine weit kleinere Menge stammt aus dem Salzstreuer.

Die Weltgesundheitsorganisation (WHO) empfiehlt einen Konsum von maximal 5 g Kochsalz täglich. Der Durchschnittsschweizer konsumiert aber mindestens 10 g. Daher sollte man ein Augenmerk auf den eigenen Salzkonsum richten.

Tipps: Nicht nur mit Salz und Bouillon würzen, sondern viel Kräuter und Gewürze zum Aromatisieren verwenden, dann wird die empfohlene Menge von 5 g Salz pro Tag kaum überschritten.

DER AROMATIPP

Kräutern und Gewürzen werden zahlreiche Wirkungen nachgesagt. Zum Beispiel:

<u>Wärmend wirken</u> scharfe Gewürze wie Cayenne, Chili, Curry, Gelbwurz (Kurkuma), Ingwer, Kardamom, Koriandersamen, Koriandergrün, Kreuzkümmel (Kumin), Kümmel, Lorbeer, Muskat, Nelken, Pfeffer, Piment, Safran, Thymian und Zimt.

<u>Verdauungsanregend wirken</u> bittere Gewürze wie Gelbwurz (Kurkuma), Koriandersamen, Koriandergrün, Kreuzkümmel, Safran, Beifuss, Petersilie, Oregano, Rosmarin und Wacholder.

<u>Stimmungshebend wirken</u> süsse Gewürze wie Anis, Kardamom, Muskat, Nelken, Rosenpaprika, Safran, Sesam, Sternanis, Vanille, Wacholder und Zimt.

RANDEN-LINSEN-SUPPE

Vor- und zubereiten: ca. 30 Min.
Ergibt ca. 1,2 Liter

60 g schwarze Linsen (Beluga)
45 g Langkornreis (z. B. Parboiled)
4 dl Wasser, siedend

1 EL Oliven- oder Rapsöl
1 Schalotte, fein gehackt
1 Knoblauchzehe, gepresst
400 g gekochte Randen, in Würfeli
8 dl Gemüsebouillon
2 EL Aceto balsamico
Salz, Pfeffer, nach Bedarf

180 g Dessert Extrafin (Sauermilch)
3 EL Meerrettich, fein gerieben
2 EL glattblättrige Petersilie, fein geschnitten

1. Linsen und Reis im siedenden Wasser ca. 10 Min. knapp weich kochen, abtropfen.
2. Öl in einer Pfanne warm werden lassen. Schalotte und Knoblauch andämpfen, Randen kurz mitdämpfen. Bouillon und Aceto dazugiessen, aufkochen, zugedeckt bei kleiner Hitze ca. 15 Min. köcheln. Linsen und Reis wieder beigeben, nur noch heiss werden lassen, würzen.
3. Sauermilch und Meerrettich mit dem Mixstab aufschäumen. Suppe in Schalen anrichten, Meerrettichschaum darauf verteilen, Petersilie darüberstreuen.

Portion: 468 kcal, F 19 g, Kh 59 g, E 15 g

Lunch-Tipp

Am Vortag zubereiten, zugedeckt kühl stellen. Vor dem Servieren heiss werden lassen oder heiss in einer Thermo-Lunchbox mitnehmen.

POULETSUPPE

Vor- und zubereiten: ca. 70 Min.

1 EL Rapsöl
1 Schalotte, fein gehackt
350 g fest kochende Kartoffeln, in ca. 1 cm grossen Würfeln
300 g Stangensellerie, in Scheibchen
250 g Champignons, in Scheiben
40 g getrocknete Apfelringe, in Stücken
8 dl Hühnerbouillon

400 g Pouletschenkel, in Ober- und Unterschenkel zerlegt, Haut entfernt
3 EL Apfelessig
Salz, Pfeffer, nach Bedarf

1. Öl in einer Pfanne warm werden lassen. Schalotte und alle Zutaten bis und mit Apfelstücken ca. 5 Min. andämpfen. Bouillon dazugiessen, aufkochen, Hitze reduzieren.
2. Poulet und Essig beigeben, bei kleiner Hitze ca. 40 Min. köcheln, würzen.

Portion: 468 kcal, F 17 g, Kh 39 g, E 36 g

Lunch-Tipp

Am Vortag zubereiten, zugedeckt kühl stellen. Vor dem Servieren heiss werden lassen oder heiss in einer Thermo-Lunchbox mitnehmen.

BOHNENTOPF MIT ORANGEN

Vor- und zubereiten: ca. 1 Std.
Schmoren: ca. 1½ Std.
Einweichen: ca. 12 Std.

80 g getrocknete Soisson-Bohnen, ca. 12 Std. eingeweicht, abgetropft
Wasser, siedend

1 EL Rapsöl
400 g Sellerie, in ca. 1 cm grossen Würfeln
180 g mehlig kochende Kartoffeln, in ca. 1 cm grossen Würfeln
1 Zwiebel, halbiert, besteckt mit
1 Lorbeerblatt und
1 Nelke
2 Knoblauchzehen, halbiert
2 Zweiglein Rosmarin
2 Rindssaftplätzli (z. B. Eckstück, je ca. 100 g), halbiert
4 dl Gemüsebouillon

1 Orange, nur 3 EL Saft
2 Orangen
Salz, Pfeffer, nach Bedarf

1. Bohnen ca. 50 Min. knapp weich kochen, abtropfen.
2. Öl in einer Pfanne warm werden lassen. Sellerie und alle Zutaten bis und mit Knoblauch ca. 2 Min. andämpfen. Bohnen und Rosmarin kurz mitdämpfen. Fleisch darauflegen, Bouillon dazugiessen, zugedeckt bei kleiner Hitze ca. 1½ Std. schmoren.
3. Orangensaft beigeben. Von den Orangen Boden und Deckel, dann Schale ringsum bis auf das Fruchtfleisch wegschneiden. Orangen halbieren, in Scheiben schneiden, beigeben, nur noch heiss werden lassen, würzen.

Schneller: 1 Dose Soisson-Bohnen (ca. 400 g), abgespült, abgetropft, verwenden.

Portion: 454 kcal, F 11 g, Kh 50 g, E 37 g

Lunch-Tipp

Suppe am Vortag bis und mit Orangensaft zubereiten, zugedeckt kühl stellen. Vor dem Servieren heiss werden lassen oder heiss in einer Thermo-Lunchbox mitnehmen. Orangenscheiben dazu servieren.

ROTKRAUTSUPPE MIT BIRNENCHIPS

Vor- und zubereiten: ca. 70 Min.
Trocknen: ca. 70 Min.
Ergibt ca. 1 Liter

---

1 dl Wasser
1 EL Zitronensaft
1 Birne (z. B. Gute Luise), ungeschält
1 TL Puderzucker

---

1 EL Rapsöl
1 rote Zwiebel, fein gehackt
500 g Rotkabis, in Vierteln, fein gehobelt
1 Birne (z. B. Gute Luise), fein gehobelt
1 dl Rotwein
9 dl Gemüsebouillon
2 EL Apfelessig
3 Wacholderbeeren, zerdrückt
Salz, Pfeffer, nach Bedarf

---

100 g fettreduzierter Frischkäse (z. B. Philadelphia Balance)
20 g Baumnusskerne, grob gehackt
Salz, Pfeffer, nach Bedarf
100 g Vollkornbaguette, in Scheiben

---

1. **Birnenchips:** Wasser und Zitronensaft aufkochen, Pfanne von der Platte nehmen. Birne längs ca. 2 mm dick in die Pfanne hobeln, mischen, ca. 2 Min. ziehen lassen. Birnenscheiben herausnehmen, abtropfen, nebeneinander auf ein mit Backpapier belegtes Blech legen, etwas trocken tupfen, mit Puderzucker bestäuben.
2. **Trocknen:** ca. 70 Min. im auf 100 Grad vorgeheizten Ofen (Heissluft). Chips herausnehmen, auskühlen, sorgfältig vom Backpapier lösen.
3. **Suppe:** Öl in einer Pfanne warm werden lassen. Zwiebel, Kabis und Birne ca. 5 Min. andämpfen. Wein dazugiessen, vollständig einkochen. Bouillon, Essig und Wacholderbeeren beigeben, aufkochen, zugedeckt bei kleiner Hitze ca. 50 Min. köcheln. Suppe pürieren, würzen.
4. Frischkäse und Baumnüsse mischen, würzen, Brotscheiben damit bestreichen, mit den Birnenchips zur Suppe servieren.

Portion: 510 kcal, F 23 g, Kh 57 g, E 16 g

Lunch-Tipp

Suppe am Vortag zubereiten, zugedeckt kühl stellen. Vor dem Servieren heiss werden lassen oder heiss in einer Thermo-Lunchbox mitnehmen. Birnenchips und bestrichene Brote separat mitnehmen.

FENCHELSUPPE MIT KNUSPERHAUBE

Vor- und zubereiten: ca. 30 Min.
Backen: ca. 5 Min.
Für 2 Suppentassen von je ca. 5 dl

1 EL Rapsöl
2 Schalotten, fein gehobelt
400 g Fenchel, fein gehobelt
150 g fest kochende Kartoffeln, fein gehobelt
1 TL Fenchelsamen
2 EL trockener weisser Vermouth (z. B. Noilly Prat)
8 dl Gemüsebouillon
Salz, Pfeffer, nach Bedarf

½ Päckli Strudelteig (ca. 60 g)
4 EL Sbrinz, gerieben

150 g Ziegenfrischkäse (z. B. Formaggini), zerbröckelt

1. Öl in einer Pfanne warm werden lassen. Schalotten, Fenchel, Kartoffeln und Fenchelsamen ca. 5 Min. andämpfen. Vermouth beigeben, vollständig einkochen. Bouillon dazugiessen, aufkochen, zugedeckt bei kleiner Hitze ca. 15 Min. köcheln, würzen.
2. Suppe in die Tassen verteilen, Tassenränder aussen mit wenig Wasser bestreichen. Strudelteig sorgfältig auseinanderfalten, je ein Teigblatt auf die Grösse der Tasse zusammenschieben (kleines Bild), auf die Tassen legen. Teigrand gut andrücken, Sbrinz darüberstreuen.
3. **Backen:** ca. 5 Min. in der Mitte des auf 220 Grad vorgeheizten Ofens. Suppe herausnehmen, Ziegenfrischkäse darauf verteilen.

Tipp: Statt Ziegenfrischkäse Feta verwenden.

Portion: 468 kcal, F 27 g, Kh 36 g, E 19 g

Strudelteig formen

Je ein Teigblatt des Strudelteigs auf die Grösse der Tasse zusammenschieben.

EINTOPF MIT LAMMHÜFTLI

Vor- und zubereiten: ca. 45 Min.

½ EL	**Olivenöl**
1	**Lammhüftli** (ca. 220 g)
¼ TL	**Salz**
wenig	**Pfeffer**
1 EL	**Olivenöl**
1	**Schalotte,** fein gehackt
400 g	**Kefen,** schräg halbiert
300 g	**Süsskartoffeln,** in ca. 1 cm grossen Würfeln
1 TL	**Fenchelsamen**
1 dl	**Weisswein**
6 dl	**Gemüsebouillon**
einige	**Safranfäden**
	Salz, Pfeffer, nach Bedarf

1. Öl im Brattopf heiss werden lassen. Fleisch beidseitig je ca. 1 Min. anbraten, herausnehmen, würzen, Hitze reduzieren.
2. Öl in derselben Pfanne warm werden lassen. Schalotte andämpfen, Kefen, Süsskartoffeln und Fenchelsamen ca. 5 Min. mitdämpfen. Wein dazugiessen, vollständig einkochen. Bouillon dazugiessen, aufkochen, Hitze reduzieren. Fleisch wieder beigeben, zugedeckt bei kleiner Hitze ca. 20 Min. köcheln. Safranfäden beigeben, würzen.
3. Fleisch herausnehmen, quer zur Faser in Tranchen schneiden, mit dem Eintopf anrichten.

Tipp: Statt Kefen Bohnen oder tiefgekühlte Bohnen verwenden.

Portion: 463 kcal, F 15 g, Kh 47 g, E 35 g

Lunch-Tipp

Eintopf am Vortag bis und mit Fleisch tranchieren zubereiten, Fleisch in den Eintopf geben, zugedeckt kühl stellen. Vor dem Servieren heiss werden lassen oder heiss in einer Thermo-Lunchbox mitnehmen.

SCHWEIZERPFANNE

Vor- und zubereiten: ca. 20 Min.

1 EL Rapsöl
1 Zwiebel, fein gehackt
1 Knoblauchzehe, in Scheibchen
500 g Erbsli, ausgelöst (ergibt ca. 120 g)
300 g Tomaten, in ca. 1 cm grossen Würfeln
5 dl Gemüsebouillon
100 g Teigwaren (z. B. Spiralen)

200 g fettreduzierter Frischkäse (z. B. Philadelphia Balance)
3 EL Schnittlauch, fein geschnitten
Salz, Pfeffer, nach Bedarf

1. Öl in einer Pfanne warm werden lassen. Zwiebel und Knoblauch andämpfen. Erbsli und Tomaten ca. 2 Min. mitdämpfen. Bouillon dazugiessen, aufkochen. Teigwaren beigeben, Hitze reduzieren, Teigwaren al dente kochen.
2. Frischkäse und Schnittlauch mischen, würzen, dazu servieren.

Portion: 450 kcal, F 14 g, Kh 56 g, E 25 g

GLASNUDELSUPPE MIT TOFU

Vor- und zubereiten: ca. 30 Min.

8 dl Gemüsebouillon
1 EL Ingwer, fein gerieben
2 Sternanis
1 Limette, nur Saft
200 g Stangensellerie, in Würfeli
300 g Lattich, in feinen Streifen
50 g Shiitake, halbiert

120 g Glasnudeln

250 g Seidentofu, in Würfeln
1 Granatapfel (ca. 220 g), Kerne ausgelöst
1 TL geröstetes Sesamöl

1. Bouillon und alle Zutaten bis und mit Limettensaft aufkochen. Hitze reduzieren, Gemüse und Pilze beigeben, ca. 5 Min. köcheln.
2. Glasnudeln mit der Schere halbieren, beigeben. Pfanne von der Platte nehmen, Nudeln ca. 4 Min. ziehen lassen.
3. Tofu und Granatapfelkerne in Suppentassen verteilen. Suppe aufkochen, darübergiessen, Sesamöl darüberträufeln.

Portion: 488 kcal, F 12 g, Kh 75 g, E 19 g

BLUMENKOHL-CURRY

Vor- und zubereiten: ca. 35 Min.

5 dl Kokoswasser (siehe Hinweis)
2 dl Gemüsebouillon
1–2 EL rote Currypaste
120 g Langkornreis (z. B. Parboiled)
1 Blumenkohl (ca. 800 g), in Röschen

4 Eier, hart gekocht, geschält

1. Kokoswasser und Bouillon mit der Currypaste aufkochen, Hitze reduzieren. Reis und Blumenkohl beigeben, ca. 15 Min. weich köcheln.
2. Eier beigeben, ca. 5 Min. mitköcheln.

Hinweis: Kokoswasser (Coconut Water) ist in Reformhäusern und in Lebensmittelabteilungen von Warenhäusern erhältlich.

Portion: 475 kcal, F 12 g, Kh 66 g, E 25 g

Suppen sättigen super!

Die kalorienarme Flüssigkeit von klaren Suppen füllt den Magen und verleiht so ein Gefühl von Sattheit. Tipp: Bei Heisshunger vor dem Essen einen Teller heisse Bouillon servieren, am besten mit bunten Gemüsestreifen drin. Auch hilft diese Vorspeise im Herbst und Winter, vor kalten Mahlzeiten den Bauch schön aufzuwärmen.

SOMMERSUPPE MIT MOZZARELLA-SPIESSLI

Vor- und zubereiten: ca. 35 Min.
Ergibt ca. 1 Liter

---

80 g Teigwaren (z. B. Orecchiette)
Salzwasser, siedend

---

1 EL Olivenöl
1 Schalotte, gehackt
2 Knoblauchzehen, gepresst
1 EL Thymianblättchen
250 g Tomaten, in Würfeln
200 g Zucchini, in ca. 1 cm grossen Würfeln
150 g Aubergine, in ca. 1 cm grossen Würfeln
1 rote Peperoni (ca. 200 g), in ca. 1 cm grossen Stücken
½ TL Salz
wenig Pfeffer

---

4 dl Gemüsebouillon
Salz, Pfeffer, nach Bedarf

---

150 g Mozzarella-Kugeln
8 Basilikumblätter
4 Holzspiesschen
2 Prisen Salz
wenig Pfeffer

---

1. Teigwaren im Salzwasser al dente kochen, abtropfen.
2. Öl in einer Pfanne warm werden lassen. Schalotte, Knoblauch und Thymian andämpfen. Tomaten und alle Zutaten bis und mit Peperoni beigeben, würzen, zugedeckt bei kleiner Hitze ca. 15 Min. dämpfen.
3. Bouillon dazugiessen, aufkochen. Die Hälfte der Suppe pürieren, mit den Teigwaren wieder beigeben, nur noch heiss werden lassen, würzen.
4. Mozzarella und Basilikumblätter an die Spiesschen stecken, würzen, zur Suppe servieren.

Portion: 479 kcal, F 23 g, Kh 42 g, E 25 g

Lunch-Tipp

Suppe und Teigwaren am Vortag zubereiten, separat zugedeckt kühl stellen. Suppe vor dem Servieren heiss werden lassen oder heiss in einer Thermo-Lunchbox mitnehmen. Teigwaren und Spiessli separat mitnehmen.

KICHERERBSENSUPPE

Vor- und zubereiten: ca. 45 Min.
Ergibt ca. 1 Liter

1 EL Olivenöl
2 Bundzwiebeln mit dem Grün, in Ringen
400 g Rüebli, in feinen Scheiben
250 g fest kochende Kartoffeln, in ca. 1 cm grossen Würfeln
1 roter Peperoncino, entkernt, fein gehackt
1 Dose Kichererbsen (ca. 400 g), abgespült, abgetropft
8 dl Gemüsebouillon

100 g Cherry-Tomaten
5 Salbeiblätter, in feinen Streifen
Salz, Pfeffer, nach Bedarf
6 EL Parmesan, gerieben

1. Öl in einer Pfanne warm werden lassen. Zwiebeln andämpfen, Rüebli, Kartoffeln und Peperoncino ca. 5 Min. mitdämpfen. Kichererbsen und Bouillon beigeben, aufkochen, Hitze reduzieren, ca. 20 Min. köcheln.
2. Tomaten und Salbei beigeben, nur noch heiss werden lassen, würzen. Suppe in Schalen verteilen, Käse darüberstreuen.

Portion: 455 kcal, F 16 g, Kh 55 g, E 23 g

Lunch-Tipp

Am Vortag zubereiten, zugedeckt kühl stellen. Vor dem Servieren heiss werden lassen oder heiss in einer Thermo-Lunchbox mitnehmen.

GULASCHSUPPE MIT GSCHWELLTI

Vor- und zubereiten: ca. 45 Min.
Schmoren: ca. 1 Std.
Ergibt ca. 1 Liter

1 EL Olivenöl
300 g Rindsvoressen (z. B. Schulter), Fett entfernt, in ca. 2 cm grossen Würfeln
½ TL Salz
½ EL Mehl
3 Zwiebeln, fein gehackt
2 Knoblauchzehen, gepresst
je 1 gelbe und rote Peperoni (ca. 400 g), in ca. 2 cm grossen Stücken

2 EL Tomatenpüree
1 EL Edelsüss-Paprika
2 dl Rotwein
200 g Tomaten, geschält, entkernt, in Vierteln
6 dl Fleischbouillon

350 g fest kochende Kartoffeln, mit der Schale
Wasser, siedend

Salz, Pfeffer, nach Bedarf

1. Öl im Brattopf heiss werden lassen, Hitze reduzieren. Fleisch salzen, im Mehl wenden, mit allen Zutaten bis und mit Peperoni ca. 8 Min. andämpfen.
2. Tomatenpüree und Paprika beigeben, Wein dazugiessen, ca. 2 Min. einkochen. Tomaten beigeben, Bouillon dazugiessen, aufkochen, zugedeckt bei kleiner Hitze unter gelegentlichem Rühren ca. 1 Std. schmoren.
3. Kartoffeln offen im Wasser ca. 25 Min. kochen, abtropfen.
4. Suppe würzen, in tiefe Teller verteilen. Gschwellti kreuzweise einschneiden, etwas zusammendrücken, in die Suppe legen.

Portion: 467 kcal, F 12 g, Kh 46 g, E 42 g

Lunch-Tipp

Am Vortag zubereiten, zugedeckt kühl stellen. Vor dem Servieren heiss werden lassen oder heiss in einer Thermo-Lunchbox mitnehmen.

MAGRONENSUPPE MIT FORELLE

Vor- und zubereiten: ca. 30 Min.
Ergibt ca. 1 Liter

1 EL	**Rapsöl**
1	**Zwiebel,** fein gehackt
1 EL	**Mehl**
6 dl	**Fleischbouillon**
250 g	**fest kochende Kartoffeln,** in ca. 1 cm grossen Würfeln
60 g	**Teigwaren** (z. B. Älplermagronen)
200 g	**Forellenfilets** (ohne Haut, Bio), in ca. 1 cm breiten Streifen
2 EL	**Halbrahm**
	Salz, Pfeffer, nach Bedarf
50 g	**Jungspinat**

1. Öl in einer Pfanne warm werden lassen. Zwiebel und Mehl unter Rühren mit dem Schwingbesen bei mittlerer Hitze dünsten, das Mehl darf dabei keine Farbe annehmen.
2. Bouillon auf einmal dazugiessen, unter Rühren aufkochen. Kartoffeln und Teigwaren beigeben, al dente kochen.
3. Fisch und Rahm beigeben, zugedeckt bei kleiner Hitze ca. 2 Min. ziehen lassen, würzen.
4. Spinat in tiefe Teller verteilen, Suppe darauf anrichten.

Ergänzen mit: Blattsalat als Vorspeise.

Portion: 458 kcal, F 19 g, Kh 44 g, E 25 g

Ist Süsswasserfisch dem Meerfisch ebenbürtig?
Fisch ist gesund, er sollte ein- bis zweimal pro Woche auf dem Menüplan stehen. Dies vor allem wegen der gesunden Omega-3-Fettsäuren. Meerfische stehen im Ruf, besonders viel dieser gesunden Fettsäuren zu enthalten. Aber Süsswasserfisch hat ebenfalls ein sehr günstiges Fettsäuremuster. Und ein weiterer Vorteil: Frisch aus unseren einheimischen Gewässern ist nicht nur die Qualität top, auch die Ökobilanz ist besser.

SAUERKRAUTTOPF MIT RIPPLI

Vor- und zubereiten: ca. 1 Std.
Schmoren: ca. 40 Min.
Einweichen: ca. 12 Std.

100 g getrocknete Gelberbsen, ca. 12 Std. eingeweicht, abgetropft
Wasser, siedend

1 EL Rapsöl
1 Schalotte, fein gehackt
1 Knoblauchzehe, in Scheibchen
500 g gekochtes Sauerkraut
180 g mehlig kochende Kartoffeln, in ca. 1 cm grossen Würfeln
1 roter Peperoncino, entkernt, fein gehackt
1 TL Kümmel
8 dl Gemüsebouillon
240 g geräuchertes Rippli

Salz, Pfeffer, nach Bedarf

1. Gelberbsen im siedenden Wasser ca. 35 Min. knapp weich kochen, abtropfen.
2. Öl in derselben Pfanne warm werden lassen. Schalotte und Knoblauch andämpfen. Sauerkraut und alle Zutaten bis und mit Kümmel ca. 5 Min. mitdämpfen. Gelberbsen und Bouillon beigeben, aufkochen, Hitze reduzieren. Rippli beigeben, zugedeckt ca. 40 Min. schmoren.
3. Rippli herausnehmen, in Würfeli schneiden, wieder beigeben, würzen.

Portion: 487 kcal, F 17 g, Kh 41 g, E 41 g

Lunch-Tipp

Am Vortag zubereiten, zugedeckt kühl stellen. Vor dem Servieren heiss werden lassen oder heiss in einer Thermo-Lunchbox mitnehmen.

RÜEBLISUPPE MIT KNUSPERSPECK

Vor- und zubereiten: ca. 45 Min.
Ergibt ca. 1 Liter

1 EL Rapsöl
1 Zwiebel, grob gehackt
500 g Rüebli, in Stücken
2 dl Apfelwein
5 dl Gemüsebouillon
Salz, Pfeffer, nach Bedarf

100 g Bratspeck in Tranchen

150 g Ruchbrot, in ca. 2 cm dicken Scheiben, in Stangen
125 g Bio-Frischkäse nature

1. Öl in einer Pfanne warm werden lassen. Zwiebel andämpfen, Rüebli ca. 5 Min. mitdämpfen. Apfelwein dazugiessen, ca. 2 Min. einkochen. Bouillon dazugiessen, aufkochen, zugedeckt bei kleiner Hitze ca. 20 Min. köcheln, pürieren, würzen.
2. Speck in einer beschichteten Bratpfanne langsam sehr knusprig braten, zum Abtropfen auf Haushaltpapier legen, Pfanne ausreiben.
3. Brotstangen in derselben Pfanne ca. 5 Min. rösten. Suppe in Schalen verteilen, mit Frischkäse und Speck garnieren, geröstetes Brot dazu servieren.

Portion: 529 kcal, F 23 g, Kh 56 g, E 19 g

CURRY-KÜRBISSUPPE MIT POULET

Vor- und zubereiten: ca. 30 Min.

2 EL	**Rapsöl**
1	**Zwiebel,** grob gehackt
500 g	**Kürbis** (z. B. Muscade), in Stücken
2 EL	**Curry**
½ TL	**Kurkuma**
8 dl	**Gemüsebouillon**
250 g	**Pouletbrüstli,** in ca. 2 cm grossen Würfeln
80 g	**chinesische Eiernudeln**
	Salz, Pfeffer, nach Bedarf
einige	**Korianderblättchen**

1. Öl in einer Pfanne warm werden lassen. Zwiebel andämpfen, Kürbis ca. 5 Min. mitdämpfen. Curry und Kurkuma beigeben, kurz weiterdämpfen. Bouillon dazugiessen, aufkochen, zugedeckt bei kleiner Hitze ca. 20 Min. köcheln, pürieren.

2. Poulet und Nudeln beigeben, unter gelegentlichem Rühren ca. 5 Min. köcheln. Suppe würzen, Koriander darüberstreuen.

Portion: 457 kcal, F 16 g, Kh 43 g, E 38 g

KÜRBIS-POLENTA MIT ZWETSCHGEN

Vor- und zubereiten: ca. 50 Min.
Schmoren: ca. 50 Min.

1 EL Olivenöl
240 g Schweinsplätzli (z. B. Nuss), in ca. 1 cm grossen Würfeln
½ EL Mehl
¼ TL Salz
wenig Pfeffer

1 EL Olivenöl
1 Zwiebel, fein gehackt
600 g Kürbis (z. B. Muscade), in ca. 1 cm grossen Würfeln (ergibt ca. 450 g)
100 g Zwetschgen, entsteint, in Vierteln
80 g grobkörniger Maisgriess (Bramata)
5 dl Fleischbouillon
Salz, Pfeffer, nach Bedarf
2 EL Majoran, grob geschnitten

1. Öl im Brattopf heiss werden lassen. Fleisch ca. 2 Min. anbraten, mit Mehl bestäuben, würzen, herausnehmen. Hitze reduzieren.
2. Öl in derselben Pfanne warm werden lassen. Zwiebel und alle Zutaten bis und mit Maisgriess andämpfen. Bouillon dazugiessen, aufkochen, Hitze reduzieren. Fleisch wieder beigeben, zugedeckt unter gelegentlichem Rühren bei kleiner Hitze ca. 50 Min. schmoren, würzen, Majoran darüberstreuen.

Tipp: Statt frische tiefgekühlte Zwetschgen oder Aprikosen verwenden.

Portion: 481 kcal, F 17 g, Kh 49 g, E 34 g

Lunch-Tipp

Am Vortag zubereiten, zugedeckt kühl stellen. Vor dem Servieren heiss werden lassen oder heiss in einer Thermo-Lunchbox mitnehmen.

ofengerichte

RUNDUM GUT VERSORGT:

FETTE UND ÖLE

Böses Fett? Gutes Fett! In den 90er Jahren waren fettreduzierte Produkte und Gerichte vor allem in den USA sehr en vogue. Die Folge war das amerikanische Paradox: Die Leute wurden nicht dünner, sondern dicker. Das Fett zu reduzieren, war also nicht der Königsweg.

PFLANZLICHE ÖLE

Im Laufe der letzten Jahrzehnte gewannen Forscher immer wieder neue Erkenntnisse, die zu veränderten Empfehlungen bezüglich des Fettkonsums führten. Es gibt Fette, die einst als besonders gesund empfohlen wurden, die heute in der Rangliste nur noch einen hinteren Platz belegen. Beispiele hierfür sind das früher so hoch gepriesene Sonnenblumen- oder das Distelöl. Heute gelten Pflanzenöle mit einfach und mehrfach ungesättigten Fettsäuren, die in Raps- und Olivenöl enthalten sind, als gesund. Sie beeinflussen den Fettstoffwechsel positiv, das heisst, sie vermögen den Cholesterinspiegel eher zu senken.

OMEGA-3- UND OMEGA-6-FETTSÄUREN

Mehrfach ungesättigte Fettsäuren werden in zwei Gruppen unterteilt, in

> Omega-6-Fettsäuren und
> Omega-3-Fettsäuren

Omega-6-Fettsäuren sind enthalten in Ölen wie Sonnenblumen- und Distelöl. Omega-3-Fettsäuren sind enthalten in Ölen wie Raps-, Lein-, Soja- und Weizenkeimöl, aber auch in Lachs, Hering, Makrelen, Baumnüssen und Vollfett-Alpkäse. Die Empfehlung für eine gesunde Ernährung lautet: Produkte mit einfach und mehrfach ungesättigten Fettsäuren bevorzugen; dabei Produkte mit Omega-3-Fettsäuren den Produkten mit Omega-6-Fettsäuren vorziehen.

KALTGEPRESST ODER RAFFINIERT?

Die Wahl eines Öls hängt davon ab, wofür man es verwenden will. Sucht man ein aromatisches Öl für die kalte Küche (z. B. für eine Salatsauce), wählt man ein kaltgepresstes Raps- oder Olivenöl. Kaltgepresste Öle haben die gleiche Zusammensetzung der Fettsäuren wie raffinierte Öle, Erstere enthalten aber mehr Vitamin E und sekundäre Pflanzenstoffe.

Benötigt man ein Öl, das erhitzt werden kann oder das länger als sechs Monate haltbar sein soll, sollte man ein raffiniertes Öl aussuchen.
Wichtig: Zum Hocherhitzen (z. B. zum Braten von Fleisch) sollten nur speziell dafür geeignete Fette bzw. Öle (z. B. Bratbutter, raffiniertes Olivenöl) verwendet werden.

TRANSFETTSÄUREN

Transfettsäuren (TFS) begünstigen in grossen Mengen die Entstehung von Gefässveränderungen und damit von Herz- und Kreislauferkrankungen. In geringen Mengen kommen Transfettsäuren natürlicherweise in Butter, Milchprodukten, Schaf- und Rindfleisch vor. Transfettsäuren können aber auch bei der Härtung von Fetten entstehen und bei der Hitzebehandlung von Ölen und Fetten im Haushalt (zu hohe Temperaturen beim Frittieren und Braten sowie mehrmaliges Verwenden des Öls/Fettes).

Je nach Verarbeitung können sie in grossen Mengen in Chips, Pommes frites, Snacks und Backwaren enthalten sein.

Tipp: Die TFS-Aufnahme niedrig halten, indem Pflanzenöle sachgerecht eingesetzt und wenig Produkte mit teilweise gehärteten Fetten konsumiert werden.

TIERISCHE FETTE

Wurstwaren und Desserts mit fettreichen Milchprodukten (z. B. Tiramisu) enthalten viel verstecktes tierisches Fett; dieses Fett besteht mehrheitlich aus gesättigten Fettsäuren. Diese zu sparen lohnt sich, denn wir nehmen genug davon über die Nahrung auf, darüberhinaus kann unser Körper gesättigte Fettsäuren selber herstellen.

WOHLFÜHL-TIPP

Seelischen Hunger befriedigen: Dinge aufschreiben, die man gerne macht: mit dem Hund spazieren, Musik hören, Haus dekorieren. Das nächste Mal, wenn ein Appetit aufkommt auf Wurst, Snacks oder Süsses, aber eigentlich gar kein Hunger da ist, etwas aus der Liste in Angriff nehmen, um den seelischen Hunger so zu befriedigen.

GENUSS-TIPP

Light-Produkte bringen nichts beim Abnehmen. Fettreiche Produkte darum etwas seltener und in kleineren Mengen einplanen, diese dafür ohne Reue geniessen.

RÜEBLI-KARTOFFEL-GRATIN

Vor- und zubereiten: ca. 30 Min.
Gratinieren: ca. 1 Std.
Für eine ofenfeste Form von ca. 2½ Litern

400 g mehlig kochende Kartoffeln
300 g Rüebli
200 g Pfälzer Rüebli
1 TL Salz
wenig Pfeffer

3 dl Milch
1 dl Gemüsebouillon
2 EL geriebener Gruyère
1½ EL Mehl
1 Knoblauchzehe, gepresst
2 EL Petersilie, grob geschnitten
wenig Muskat
¼ TL Salz
wenig Pfeffer
60 g geriebener Gruyère

1. Kartoffeln und Rüebli in ca. 2 mm dicken Scheiben in die Form hobeln, würzen, mischen.
2. Milch und alle Zutaten bis und mit Petersilie gut verrühren, würzen, über das Gemüse giessen. Käse darüberstreuen.
3. **Gratinieren:** ca. 1 Std. in der Mitte des auf 180 Grad vorgeheizten Ofens.

Portion: 480 kcal, F 19 g, Kh 52 g, E 21 g

Lunch-Tipp

Am Vortag zubereiten, zugedeckt kühl stellen. Vor dem Servieren heiss werden lassen oder heiss in einer Thermo-Lunchbox mitnehmen.

BLECHGEMÜSE MIT SPIEGELEIERN

Vor- und zubereiten: ca. 30 Min.
Backen: ca. 35 Min.

50 g	**tiefgekühlte Marroni**
3 dl	**Wasser,** siedend
250 g	**Raclette-Kartoffeln,** in Schnitzen
200 g	**Kürbis** (z. B. oranger Knirps), in Würfeln
200 g	**Rüebli,** in Stängelchen
150 g	**rohe Randen,** in feinen Schnitzen
2	**Schalotten,** in Schnitzen
2	**Knoblauchzehen,** halbiert
1 EL	**Thymianblättchen**
1 EL	**Rosmarin,** fein geschnitten
2 EL	**Oliven- oder Rapsöl**
¾ TL	**Fleur de Sel**
wenig	**Pfeffer**
4	**frische Eier**
¼ TL	**Fleur de Sel**
wenig	**Pfeffer**

1. Marroni im siedenden Wasser ca. 2 Min. kochen, abtropfen, in eine Schüssel geben.
2. Kartoffeln und alle Zutaten bis und mit Pfeffer beigeben, mischen, auf einem mit Backpapier belegten Blech verteilen.
3. **Backen:** ca. 30 Min. in der Mitte des auf 200 Grad vorgeheizten Ofens. Blech herausnehmen, Eier einzeln aufschlagen, sorgfältig auf das Gemüse gleiten lassen.
4. **Fertig backen:** ca. 5 Min. Spiegeleier würzen.

Tipp: Statt Marroni, Kürbis, Rüebli und Randen Sommergemüse wie Zucchini, Auberginen, Peperoni und Fenchel verwenden.

Portion: 485 kcal, F 23 g, Kh 49 g, E 17 g

Lunch-Tipp

Am Vortag Gemüse ohne Spiegeleier zubereiten, zugedeckt kühl stellen. Vor dem Servieren heiss werden lassen oder heiss in einer Thermo-Lunchbox mitnehmen. Statt Spiegeleier hart gekochte Eier mitnehmen.

MEERESFRÜCHTE-PÄCKLI MIT GRATIN

Vor- und zubereiten: ca. 30 Min.
Backen: ca. 40 Min.
Für eine ofenfeste Form von ca. 1 Liter

3½ dl **Gemüsebouillon,** kalt
100 g **fettreduzierter Frischkäse** (Philadelphia Balance)
2 TL **Maizena**
1 **Limette,** heiss abgespült, trocken getupft, abgeriebene Schale
500 g **Petersilienwurzeln,** in ca. 2 mm dicken Scheiben
¼ TL **Salz**
wenig **Pfeffer**

---

160 g **rohe Crevettenschwänze** (Bio), bis auf das Schwanzende geschält
160 g **Jakobsmuscheln** (MSC)
1 EL **trockener weisser Vermouth** (z. B. Noilly Prat)
2 **Stängel Zitronengras,** Inneres fein gehackt
1 **roter Chili,** entkernt, fein gehackt
1 **Knoblauchzehe,** in Scheibchen
½ EL **Ingwer,** fein gerieben

---

1 **kleines Baguette** (ca. 150 g), in Scheiben

---

1. Bouillon, Frischkäse, Maizena und Limettenschale in einer Schüssel verrühren. Petersilienwurzeln beigeben, mischen, würzen, in die Form geben, diese auf ein Blech stellen.
2. **Backen:** ca. 25 Min. in der Mitte des auf 200 Grad vorgeheizten Ofens.
3. Crevetten und alle Zutaten bis und mit Ingwer mischen, auf die Mitte eines Backpapiers geben. Abgeriebene Limette in Scheiben schneiden, darauflegen. Das Backpapier gut verschliessen, sodass kein Dampf entweichen kann, mit Küchenschnur binden. Päckli neben die Form auf das Blech legen.
4. **Fertig backen:** ca. 15 Min. Gratin und Päckli herausnehmen.
5. Brotscheiben auf das Ofengitter legen, ca. 5 Min. in der Mitte des Ofens rösten. Brot zum Gratin und zu den Meeresfrüchten servieren.

Tipps

> Statt Petersilienwurzeln Rüebli verwenden.

> Statt Zitronengras und Ingwer 1 Bio-Zitrone, abgeriebene Schale und 2 Esslöffel Saft, verwenden.

Portion: 488 kcal, F 6 g, Kh 64 g, E 45 g

QUINOA-GRATIN MIT CICORINO ROSSO

Vor- und zubereiten: ca. 20 Min.
Gratinieren: ca. 45 Min.
Für eine weite ofenfeste Form von ca. 2½ Litern

---

500 g Cicorino rosso, in Streifen
140 g Quinoa (z. B. Tricolore)
1 roter Peperoncino, entkernt, fein gehackt
1 Bio-Orange, nur abgeriebene Schale
4 dl Gemüsebouillon, heiss

---

120 g Hinterschinken, in Würfeli
4 EL geriebener Sbrinz
2 EL Pinienkerne
1 TL Zucker

---

1. Cicorino rosso und alle Zutaten bis und mit der Hälfte der Orangenschale in der Form mischen. Bouillon darübergiessen.
2. **Gratinieren:** ca. 30 Min. in der Mitte des auf 200 Grad vorgeheizten Ofens. Gratin herausnehmen, Quinoa mit einer Gabel lockern. Schinken und alle restlichen Zutaten mit der restlichen Orangenschale mischen, darauf verteilen.
3. **Fertig gratinieren:** ca. 15 Minuten.

Tipp: Statt Cicorino rosso Chicorée verwenden.

Portion: 516 kcal, F 17 g, Kh 50 g, E 34 g

Lunch-Tipp

Am Vortag zubereiten, zugedeckt kühl stellen. Vor dem Servieren heiss werden lassen oder heiss in einer Thermo-Lunchbox mitnehmen.

Quinoa
(ausgesprochen Kinwa) ist ein getreideähnliches Korn und gehört zu den Gänsefussgewächsen. Ursprünglich stammt sie aus Südamerika. Quinoa ist glutenfrei und zeichnet sich durch ihr wertvolles Eiweiss, aber auch durch viel Kalzium, Magnesium, Eisen, Zink und verschiedene B-Vitamine sowie Vitamin E aus.
Verwendung: wie Reis, pikant oder süss.

SPARGELSTRUDEL MIT HÜTTENKÄSE

Vor- und zubereiten: ca. 35 Min.
Backen: ca. 20 Min.

1 TL Rapsöl
2 Bundzwiebeln mit dem Grün, in Ringen
500 g grüne Spargeln, unteres Drittel geschält, schräg in ca. 5 mm dicken Scheiben
50 g Morcheln, halbiert, gut gewaschen, abgetropft
2 EL trockener weisser Vermouth (z. B. Noilly Prat)
2 EL Wasser
¾ TL Salz
wenig Pfeffer
1 EL Sonnenblumenkerne, geröstet

1 Päckli Strudelteig (ca. 120 g)
1 EL Rapsöl

200 g Hüttenkäse, abgespült, abgetropft
20 g Kresse
Salz, Pfeffer, nach Bedarf

1. Öl in einer Pfanne warm werden lassen. Bundzwiebeln, Spargeln und Morcheln ca. 2 Min. andämpfen. Vermouth beigeben, vollständig einkochen. Wasser beigeben, würzen, offen ca. 2 Min. knapp weich kochen, bis alle Flüssigkeit eingekocht ist. Sonnenblumenkerne daruntermischen, auskühlen.
2. Teigblätter sorgfältig auseinanderfalten, jedes Blatt mit wenig Öl bestreichen. Alle Blätter aufeinander auf ein Tuch legen. Gemüse auf dem unteren Drittel des Teigs verteilen, dabei seitlich einen Rand von ca. 3 cm frei lassen. Seitliche Ränder einschlagen, Tuch anheben, Strudel locker aufrollen. Mit dem Verschluss nach unten auf ein mit Backpapier belegtes Blech legen. Strudel mit dem restlichen Öl bestreichen.
3. **Backen:** ca. 20 Min. in der Mitte des auf 200 Grad vorgeheizten Ofens.
4. Hüttenkäse und Kresse mischen, würzen, zum Strudel servieren.

Tipp: Statt frische ca. 10 g getrocknete Morcheln, eingeweicht, halbiert, gut gewaschen, abgetropft, verwenden.

Portion: 472 kcal, F 20 g, Kh 49 g, E 24 g

SPINATWÄHE

Vor- und zubereiten: ca. 30 Min.
Backen: ca. 30 Min.
Für ein Backblech von ca. 24 cm Ø, mit Backpapier belegt

1 EL Rapsöl
1 Zwiebel, fein gehackt
100 g Hinterschinken, in Würfeli
500 g Blattspinat
¾ TL Salz
wenig Pfeffer

120 g Ruchmehl
¼ TL Salz
100 g Magerquark
1½ EL Wasser
½ EL Weissweinessig

2 Eier, verklopft
3 EL Pecorino oder Gruyère, grob gerieben

1. Öl in einer weiten Pfanne warm werden lassen. Zwiebel und Schinken kurz andämpfen, Spinat portionenweise beigeben, zugedeckt zusammenfallen lassen, würzen, abtropfen, auskühlen.
2. **Kuchenteig:** Mehl und Salz in einer Schüssel mischen. Quark, Wasser und Essig beigeben, rasch zu einem glatten Teig zusammenfügen, nicht kneten. Teig auf wenig Mehl (ca. 28 cm Ø) auswallen, ins vorbereitete Blech legen. Boden mit einer Gabel dicht einstechen. Belag auf dem Teigboden verteilen.
3. Eier darübergiessen, Käse darüberstreuen.
4. **Backen:** ca. 30 Min. auf der untersten Rille des auf 220 Grad vorgeheizten Ofens.

Tipps

> Teig in doppelter Menge zubereiten. Eine Hälfte tiefkühlen. Haltbarkeit: ca. 2 Monate.

> Wähe in 1 Backblech-Duo «légère» backen. Das Blech braucht nicht vorbereitet zu werden.

Portion: 530 kcal, F 18 g, Kh 49 g, E 41 g

Lunch-Tipp

Am Vortag zubereiten, zugedeckt kühl stellen.

FRÜHLINGSROLLEN MIT POULET

Vor- und zubereiten: ca. 35 Min.
Backen: ca. 15 Min.
Ergibt 6 Stück

---

1 TL **geröstetes Sesamöl**
1 **Pouletbrüstli** (ca. 150 g), in ca. 1 cm grossen Würfeln

---

1 TL **geröstetes Sesamöl**
1 **Schalotte,** fein gehackt
2 **Knoblauchzehen,** in Scheibchen
250 g **Champignons,** in Scheiben
200 g **Kefen,** in Streifen
120 g **Mungbohnen-Sprossen**
1 EL **Sojasauce**
2 EL **Koriander** oder Petersilie, fein geschnitten

---

1 Päckli **Strudelteig** (ca. 120 g)
½ EL **geröstetes Sesamöl**
½ EL **Wasser**

---

4 EL **Sojasauce**
1 **Knoblauchzehe,** gepresst
2 EL **Koriander** oder Petersilie, fein geschnitten

---

1. Öl im Wok oder in einer weiten beschichteten Bratpfanne heiss werden lassen. Poulet ca. 2 Min. rührbraten, herausnehmen.
2. Öl in derselben Pfanne warm werden lassen. Schalotte und alle Zutaten bis und mit Sprossen ca. 5 Min. rührbraten. Sojasauce, Koriander und Poulet daruntermischen, auskühlen.
3. Teigblätter sorgfältig auseinanderfalten. Öl und Wasser verrühren. Ein Teigblatt dünn damit bestreichen, zweites Teigblatt darauflegen, längs in drei Streifen schneiden. Je ca. 1 Esslöffel Füllung auf dem unteren Drittel des Teigstreifens verteilen, dabei auf beiden Seiten einen Rand von ca. 1 cm frei lassen. Seitliche Ränder einschlagen, zu einer Rolle formen. Mit dem Verschluss nach unten auf ein mit Backpapier belegtes Blech legen, mit wenig Ölwasser bestreichen. Restliche Teigblätter gleich füllen, restliche Füllung beiseite stellen.
4. **Backen:** ca. 15 Min. in der Mitte des auf 200 Grad vorgeheizten Ofens.
5. Sojasauce, Knoblauch und Koriander verrühren, als Dip zu den Frühlingsrollen servieren. Beiseite gestellte Füllung als Salat dazu servieren.

Portion: 489 kcal, F 16 g, Kh 52 g, E 34 g

欧盟蓝
非欧盟国民聘雇的
Krug, Hans Ulrich; Chen, Hsi-H

LASAGNE

Vor- und zubereiten: ca. 45 Min.
Backen: ca. 30 Min.
Für eine weite ofenfeste Form von ca. 2 Litern

1 EL Olivenöl
200 g mageres Hackfleisch (Rind)
¼ TL Salz
wenig Pfeffer
200 g Rüebli, in Würfeli
200 g Tomaten, in Würfeli
150 g Sellerie, in Würfeli
1 EL Mehl
2 EL Tomatenpüree
5 dl Fleischbouillon
2 EL glattblättrige Petersilie, fein geschnitten

1 Rolle Pastateig (ca. 125 g), quer halbiert
2 EL geriebener Sbrinz

1. Öl in einer beschichteten Bratpfanne heiss werden lassen. Fleisch ca. 2 Min. anbraten, würzen. Rüebli, Tomaten und Sellerie ca. 4 Min. mitbraten. Mehl darüberstäuben, mischen. Tomatenpüree und Bouillon beigeben, aufkochen, Hitze reduzieren, ca. 15 Min. köcheln. Petersilie daruntermischen, etwas abkühlen.
2. 4 Esslöffel Sauce in der Form verteilen, 1 Pastablatt darauflegen, ½ Sauce darauf verteilen. Zweites Pastablatt darauflegen, mit restlicher Sauce bedecken. Käse darüberstreuen.
3. **Backen:** ca. 30 Min. in der Mitte des auf 200 Grad vorgeheizten Ofens. Lasagne herausnehmen, ca. 5 Min. stehen lassen.

Lässt sich vorbereiten: Lasagne ca. 1 Tag im Voraus einschichten, zugedeckt im Kühlschrank aufbewahren. Lasagne in den kalten Ofen schieben, backen wie oben. Die Backzeit verlängert sich um ca. 10 Minuten.

Portion: 515 kcal, F 18 g, Kh 53 g, E 35 g

Lunch-Tipp

Am Vortag zubereiten, zugedeckt kühl stellen. Vor dem Servieren heiss werden lassen oder heiss in einer Thermo-Lunchbox mitnehmen.

ZUCCHINI-FLAMMKUCHEN

Vor- und zubereiten: ca. 30 Min.
Aufgehen lassen: ca. 1 Std.
Backen: ca. 15 Min.

---

150 g Mehl
¼ TL Salz
¼ Würfel Hefe (ca. 10 g), zerbröckelt
1 dl lauwarmes Wasser
1 TL Olivenöl

---

100 g fettreduzierter Frischkäse (z. B. St-Môret)
2 EL geriebener Sbrinz
1 EL Zitronenthymianblättchen
¼ TL Fleur de Sel
wenig Pfeffer

---

400 g Zucchini, grob gerieben
50 g Heidelbeeren
50 g fettreduzierter Frischkäse (z. B. St-Môret)
1 TL Olivenöl

¼ TL Fleur de Sel
wenig Pfeffer

---

1. **Hefeteig:** Mehl, Salz und Hefe in einer Schüssel mischen. Wasser und Öl beigeben, zu einem weichen, glatten Teig kneten. Zugedeckt bei Raumtemperatur ca. 1 Std. aufs Doppelte aufgehen lassen.
2. Teig auf wenig Mehl oval ca. 3 mm dick auswallen, auf ein mit Backpapier belegtes Blech legen. Frischkäse und alle Zutaten bis und mit Pfeffer verrühren, auf dem Teig verteilen, dabei ringsum einen Rand von ca. 2 cm frei lassen.
3. Zucchini, Heidelbeeren und Frischkäse darauf verteilen, Öl darüberträufeln.
4. **Backen:** ca. 15 Min. in der unteren Hälfte des auf 240 Grad vorgeheizten Ofens. Flammkuchen herausnehmen, würzen.

Tipp: Statt Zitronenthymian Thymian und wenig abgeriebene Zitronenschale verwenden.

Portion: 490 kcal, F 15 g, Kh 64 g, E 24 g

BÖREK MIT KRAUTSTIEL

Vor- und zubereiten: ca. 20 Min.
Backen: ca. 30 Min.
Ergibt 2 Stück

1 TL Olivenöl
150 g geschnetzeltes Pouletfleisch

1 TL Olivenöl
1 Zwiebel, in Streifen
1 Knoblauchzehe, in Scheibchen
400 g Krautstiel, in Streifen
1 TL Paprika
½ TL Salz
wenig Pfeffer
50 g Feta, zerbröckelt

1 Päckli Strudelteig (ca. 120 g)
2 TL Olivenöl

1. Öl in einer beschichteten Bratpfanne heiss werden lassen. Poulet ca. 1 Min. anbraten, herausnehmen.
2. Öl in derselben Pfanne erwärmen. Zwiebel, Knoblauch und Krautstiel ca. 2 Min. dämpfen, würzen, abkühlen. Feta daruntermischen.
3. Teigblätter sorgfältig auseinanderfalten. 2 Blätter sich leicht überlappend auf ein Tuch legen. Die Hälfte des Gemüses auf dem unteren Drittel des Teigs verteilen, dabei seitlich einen Rand von ca. 3 cm frei lassen. Seitliche Ränder einschlagen, Tuch anheben, Strudel locker aufrollen, Schnecke formen. Mit dem Verschluss nach unten auf ein mit Backpapier belegtes Blech legen. Börek mit wenig Öl bestreichen. Zweiten Börek gleich formen.
4. **Backen:** ca. 30 Min. in der unteren Hälfte des auf 200 Grad vorgeheizten Ofens.

Portion: 490 kcal, F 20 g, Kh 45 g, E 31 g

OFENRÖSTI MIT BÜNDNERFLEISCH

Vor- und zubereiten: ca. 25 Min.
Backen: ca. 35 Min.

400 g Gschwellti (fest kochende Sorte) vom Vortag, geschält, an der Röstiraffel gerieben
250 g Bundrüebli, grob gerieben, wenig Kraut beiseite gestellt
3 Bundzwiebeln mit dem Grün, in Ringen
1½ EL Oliven- oder Rapsöl
½ TL Salz
wenig Pfeffer

100 g Raclettekäse, in Stängelchen
50 g Bündnerfleisch in Tranchen, in Streifen

1. Kartoffeln und alle Zutaten bis und mit Pfeffer in einer Schüssel mischen, ca. 2 cm dick auf einem mit Backpapier belegten Blech verteilen, leicht andrücken.
2. **Backen:** ca. 30 Min. in der Mitte des auf 200 Grad vorgeheizten Ofens. Rösti herausnehmen, den Käse, dann das Bündnerfleisch darauf verteilen.
3. **Fertig backen:** ca. 5 Min. Rösti herausnehmen, beiseite gestelltes Rüeblikraut fein schneiden, darüberstreuen.

Tipp: Statt Bundrüebli Rüebli verwenden.

Portion: 494 kcal, F 25 g, Kh 37 g, E 28 g

Lunch-Tipp

Am Vortag zubereiten, zugedeckt kühl stellen. Vor dem Servieren heiss werden lassen oder heiss in einer Thermo-Lunchbox mitnehmen.

MOUSSAKA

Vor- und zubereiten: ca. 40 Min.
Backen: ca. 35 Min.
Für eine weite ofenfeste Form von ca. 2 Litern

½ EL Olivenöl
200 g mageres Hackfleisch (Kalb oder Lamm)
¼ TL Salz
wenig Pfeffer

½ EL Olivenöl
1 Zwiebel, fein gehackt
1 Knoblauchzehe, gepresst
200 g Tomaten, entkernt, in Stücken
1 dl Gemüsebouillon
1 EL Majoran, fein geschnitten

300 g Auberginen, in ca. 5 mm dicken Scheiben
200 g mehlig kochende Kartoffeln, in ca. 5 mm dicken Scheiben

3 dl Milch
1 dl Gemüsebouillon
1½ EL Mehl
wenig Muskat
¼ TL Salz
wenig Pfeffer
2 EL geriebener Parmesan

1. Öl in einer beschichteten Bratpfanne heiss werden lassen. Fleisch ca. 4 Min. anbraten, herausnehmen, würzen.
2. Öl in derselben Pfanne warm werden lassen. Zwiebel und Knoblauch andämpfen, Tomaten kurz mitdämpfen. Bouillon dazugiessen, aufkochen, Hitze reduzieren, Fleisch wieder beigeben, zugedeckt ca. 5 Min. köcheln. Majoran daruntermischen.
3. 4 Esslöffel Sauce in der Form verteilen, Auberginen und Kartoffeln ziegelartig darauflegen. Restliche Sauce darauf verteilen.
4. Milch, Bouillon und Mehl in einer Pfanne unter Rühren mit dem Schwingbesen aufkochen. Hitze reduzieren, unter Rühren ca. 5 Min. köcheln, würzen, über das Gemüse giessen. Käse darüberstreuen.
5. **Backen:** ca. 35 Min. in der Mitte des auf 200 Grad vorgeheizten Ofens. Moussaka herausnehmen, ca. 5 Min. stehen lassen.

Tipp: Moussaka in 2 ofenfeste Formen von je ca. 1 Liter einschichten. Die Backzeit verkürzt sich um ca. 5 Minuten.

Lässt sich vorbereiten: Moussaka ca. 1 Tag im Voraus einschichten, zugedeckt im Kühlschrank aufbewahren. Moussaka in den kalten Ofen schieben, backen wie oben. Die Backzeit verlängert sich um ca. 10 Minuten.

Portion: 483 kcal, F 21 g, Kh 36 g, E 35 g

Lunch-Tipp

Am Vortag zubereiten, zugedeckt kühl stellen. Vor dem Servieren heiss werden lassen oder heiss in einer Thermo-Lunchbox mitnehmen.

PIZZA VEGETARIANA

Vor- und zubereiten: ca. 30 Min.
Aufgehen lassen: ca. 1 Std.
Backen: ca. 15 Min.

150 g Mehl
¼ TL Salz
¼ Würfel Hefe (ca. 10 g), zerbröckelt
1 dl lauwarmes Wasser
1 TL Olivenöl

150 g Halbfettquark
40 g geriebener Parmesan
1 Tomate (ca. 100 g), in Stücken
5 Basilikumblätter, zerzupft
¼ TL Salz
wenig Pfeffer

300 g Cherry-Tomaten, halbiert
Salz, Pfeffer, nach Bedarf
1 TL Olivenöl

100 g Rucola

1. **Hefeteig:** Mehl, Salz und Hefe in einer Schüssel mischen. Wasser und Öl beigeben, zu einem weichen, glatten Teig kneten. Zugedeckt bei Raumtemperatur ca. 1 Std. aufs Doppelte aufgehen lassen.
2. Teig auf wenig Mehl rund ca. 2 mm dick auswallen, auf ein mit Backpapier belegtes Blech legen. Quark mit allen Zutaten bis und mit Pfeffer pürieren. ¾ der Sauce auf dem Teig verteilen, dabei ringsum einen Rand von ca. 2 cm frei lassen. Restliche Sauce beiseite stellen.
3. Tomaten darauf verteilen, würzen, Öl darüberträufeln.
4. **Backen:** ca. 15 Min. in der unteren Hälfte des auf 240 Grad vorgeheizten Ofens. Pizza herausnehmen, die Hälfte des Rucola darauf verteilen. Restlichen Rucola mit der beiseite gestellten Sauce mischen, zur Pizza servieren.

Portion: 514 kcal, F 16 g, Kh 64 g, E 27 g

Powerpaket Peperoni

Rote und gelbe Peperoni sind sehr vitaminreich. Einige Leute vertragen Peperoni allerdings nicht so gut. Es wäre aber schade, ganz auf das gesunde Gemüse zu verzichten. Denn oft hilft es, die rohen Peperoni mit dem Sparschäler oder die gebackenen Peperoni mit dem Messer (siehe Rezept) zu schälen. So sind sie leichter verdaulich und werden auch von sensiblen Personen vertragen.

PEPERONI-LASAGNE

Vor- und zubereiten: ca. 35 Min.
Backen: ca. 55 Min.
Für eine weite ofenfeste Form von ca. 2 Litern

5	**rote und gelbe Peperoni** (ca. 1 kg)
2	**Knoblauchzehen**
2 dl	**Milch**
2 dl	**Gemüsebouillon**
1	**Zwiebel,** fein gehackt
2 EL	**Mehl**
wenig	**Muskat**
	Salz, Pfeffer, nach Bedarf
1 Rolle	**Pastateig** (ca. 125 g), quer halbiert
50 g	**Hinterschinken,** in Würfeli
2 EL	**geriebener Parmesan**
10 g	**Haselnüsse,** geröstet, grob gehackt
1 EL	**Basilikumblätter,** fein geschnitten

1. Peperoni und Knoblauch auf ein mit Backpapier belegtes Blech legen.
2. **Backen:** ca. 20 Min. in der Mitte des auf 250 Grad vorgeheizten Ofens. Herausnehmen, mit einem feuchten Tuch zugedeckt ca. 10 Min. stehen lassen. Hitze auf 200 Grad reduzieren. Peperoni schälen, entkernen, in Stücke schneiden, Knoblauch in Scheibchen schneiden, mischen.
3. Milch und alle Zutaten bis und mit Mehl in einer Pfanne unter Rühren mit dem Schwingbesen aufkochen. Hitze reduzieren, unter Rühren ca. 5 Min. köcheln, würzen.
4. 4 Esslöffel Sauce in der Form verteilen. 1 Pastablatt darauflegen, die Hälfte der Peperonimasse, Schinken und die Hälfte der Sauce darauf verteilen. Restliches Pastablatt darauflegen, mit den restlichen Zutaten bedecken. Käse und Nüsse darüberstreuen.
5. **Backen:** ca. 35 Min. in der Mitte des Ofens. Lasagne herausnehmen, ca. 5 Min. stehen lassen. Basilikum darüberstreuen.

Portion: 519 kcal, F 14 g, Kh 74 g, E 25 g

Lunch-Tipp

Am Vortag zubereiten, zugedeckt kühl stellen. Vor dem Servieren heiss werden lassen oder heiss in einer Thermo-Lunchbox mitnehmen.

ZUCCHINIRÖSTI MIT TÄTSCHLI

Vor- und zubereiten: ca. 25 Min.
Backen: ca. 30 Min.

- **600 g Zucchini,** grob gerieben
- **400 g fest kochende Kartoffeln,** grob gerieben
- **2 EL Paniermehl**
- **1 EL Majoran,** fein geschnitten
- **1 EL Rapsöl**
- **1 TL Salz**
- **wenig Pfeffer**

- **200 g mageres Hackfleisch** (Rind)
- **1 EL Senf**
- **1 EL Majoran,** fein geschnitten
- **½ TL Salz**
- **2 Tomaten,** kreuzweise eingeschnitten
- **2 Prisen Salz**

1. Zucchini und alle Zutaten bis und mit Pfeffer mischen. Masse halbieren, beide Portionen auf einem mit Backpapier belegten Blech verteilen, etwas flach drücken.
2. Fleisch und alle Zutaten bis und mit Salz mischen, von Hand gut kneten, bis sich die Zutaten zu einer kompakten Masse verbinden. Masse zu 2 Tätschli formen, mit den Tomaten auf das Gemüse legen, Tomaten salzen.
3. **Backen:** ca. 30 Min. in der Mitte des auf 200 Grad vorgeheizten Ofens.

Portion: 451 kcal, F 14 g, Kh 46 g, E 33 g

Lunch-Tipp

Am Vortag zubereiten, zugedeckt kühl stellen. Vor dem Servieren heiss werden lassen.

ASIA-PIE MIT RINDFLEISCH

Vor- und zubereiten: ca. 35 Min.
Backen: ca. 20 Min.
Für eine rechteckige ofenfeste Form von ca. 1 Liter, Rand mit wenig Öl bestrichen

---

1 EL Maizena
1 EL Sojasauce
1 Knoblauchzehe, gepresst
200 g geschnetzeltes Rindfleisch (à la minute)

---

1 TL geröstetes Sesamöl

---

1 TL geröstetes Sesamöl
3 Bundzwiebeln mit dem Grün, in Ringen
300 g Chinakohl, in Streifen
200 g Pak-Choi, längs in 6 Stücke geschnitten
1 roter Chili, entkernt, fein gehackt
2 EL Sojasauce
½ EL Sesam

---

1 Päckli Strudelteig (ca. 120 g)
½ EL geröstetes Sesamöl
½ EL Wasser

---

1. Maizena, Sojasauce und Knoblauch verrühren, Fleisch beigeben, mischen, zugedeckt ca. 15 Min. marinieren.
2. Öl im Wok oder in einer weiten beschichteten Bratpfanne heiss werden lassen. Fleisch ca. 2 Min. rührbraten, herausnehmen.
3. Öl in derselben Pfanne warm werden lassen. Bundzwiebeln und alle Zutaten bis und mit Chili ca. 5 Min. rührbraten. Sojasauce mit dem Fleisch beigeben, mischen, in die Form geben, Sesam darüberstreuen.
4. Teigblätter sorgfältig auseinanderfalten. Öl und Wasser verrühren, jedes Teigblatt mit wenig Ölwasser bestreichen. Alle Blätter aufeinanderlegen, ca. 2 cm grösser als die Form zusammenfalten, auf den Formenrand legen, ringsum gut andrücken. Teig mit restlichem Ölwasser bestreichen.
5. **Backen:** ca. 20 Min. in der unteren Hälfte des auf 180 Grad vorgeheizten Ofens.

Lässt sich vorbereiten: Füllung ca. 1 Tag im Voraus zubereiten und einfüllen, zugedeckt kühl stellen. Teig kurz vor dem Backen auseinanderfalten und auf die Form legen.

Portion: 485 kcal, F 17 g, Kh 50 g, E 33 g

LAMM-TAJINE

Vor- und zubereiten: ca. 25 Min.
Schmoren: ca. 1¼ Std.
Für einen Brattopf oder eine Tajine mit Deckel

300 g Lammvoressen, Fett entfernt, in ca. 3 cm grossen Würfeln (ergibt ca. 230 g)
200 g Lauch, in Streifen
200 g Stangensellerie, in Stängelchen
200 g fest kochende Kartoffeln, in Würfeli
80 g grüne Linsen
2 rote Zwiebeln, in Streifen
2 Knoblauchzehen, in Scheibchen
1 EL Olivenöl
5 Dörraprikosen (ca. 20 g)
10 Mandeln, halbiert
2 EL Raz el Hanout
3 dl Gemüsebouillon

1 EL Zitronensaft
Salz, Pfeffer, nach Bedarf

100 g Joghurt nature
2 EL Pfefferminze, fein geschnitten

1. Brattopf oder Tajine ohne Deckel in die untere Hälfte des kalten Ofens schieben. Ofen auf 180 Grad vorheizen.
2. Fleisch und alle Zutaten bis und mit Raz el Hanout in einer Schüssel mischen, in den heissen Brattopf geben, ca. 10 Min. andämpfen. Bouillon dazugiessen.
3. **Schmoren:** zugedeckt ca. 1¼ Std. Tajine herausnehmen, Zitronensaft daruntermischen, würzen.
4. Joghurt und Pfefferminze mischen, zur Tajine servieren.

Portion: 531 kcal, F 16 g, Kh 53 g, E 43 g

Lunch-Tipp

Am Vortag zubereiten, zugedeckt kühl stellen. Vor dem Servieren heiss werden lassen oder heiss in einer Thermo-Lunchbox mitnehmen. Joghurt separat mitnehmen.

Tajine – eine nordafrikanische Spezialität

Tajine heissen einerseits Schmorgerichte, andererseits auch das spitzhütige Keramikgefäss, in dem die Gerichte geschmort werden. Die Zutaten werden ohne Anbraten ins Schmorgefäss gegeben, das macht die Gerichte fettarm. Durch das lange Schmoren entwickeln sich zudem herrliche Aromen. Eine typische Gewürzmischung für Tajine ist Raz el Hanout, erhältlich in Coop Supermärkten und Online-Shops.

BIRNEN-LAUCH-WÄHE MIT CHILI

Vor- und zubereiten: ca. 30 Min.
Backen: ca. 30 Min.
Für ein Backblech von ca. 24 cm Ø, mit Backpapier belegt

---

1 EL Rapsöl
400 g Lauch, in feinen Streifen
1 Birne, in Würfeli
1 roter Chili, entkernt, fein gehackt
1 EL Wasser
½ TL Salz

---

120 g Mehl
¼ TL Salz
125 g Halbfettquark
½ EL Wasser
½ EL Weissweinessig

---

125 g Halbfettquark
1 TL Mehl
3 EL Wasser
1 Ei
¼ TL Salz
wenig Pfeffer

---

1. Öl in einer Pfanne warm werden lassen. Lauch, Birne und Chili ca. 2 Min. andämpfen. Wasser beigeben, salzen, zugedeckt ca. 3 Min. dämpfen, auskühlen.
2. **Kuchenteig:** Mehl und Salz in einer Schüssel mischen. Quark, Wasser und Essig beigeben, rasch zu einem glatten Teig zusammenfügen, nicht kneten. Teig auf wenig Mehl (ca. 28 cm Ø) auswallen, ins vorbereitete Blech legen. Boden mit einer Gabel dicht einstechen. Belag auf dem Teigboden verteilen.
3. Quark und alle Zutaten bis und mit Pfeffer verrühren, über den Lauch giessen.
4. **Backen:** ca. 30 Min. auf der untersten Rille des auf 220 Grad vorgeheizten Ofens.

   Tipp: Wähe in 1 Backblech-Duo «légère» backen. Das Blech braucht nicht vorbereitet zu werden.

Portion: 468 kcal, F 10 g, Kh 65 g, E 28 g

Lunch-Tipp

Am Vortag zubereiten, zugedeckt kühl stellen.

warme mahlzeiten

RUNDUM GUT VERSORGT:

KOHLENHYDRATE

Kohlenhydrate sind ein Sammelbegriff für alle Stärke- und Zuckerarten in Getreide, Hülsenfrüchten, Gemüse, Früchten und Süssigkeiten. Einfachzucker (Traubenzucker, Fruchtzucker) und Zweifachzucker (Kristallzucker) sind gut verfügbare Energielieferanten, sie werden schnell und fast vollständig aufgenommen. Mehrfachzucker (Stärke) muss zuerst in seine Einzelbausteine zerlegt werden.

NAHRUNGSFASERN

Nahrungsfasern gehören ebenfalls zu den Kohlenhydraten, sie können aber nicht durch die Enzyme des menschlichen Verdauungstrakts gespalten werden. Wir brauchen sie also nicht wegen ihres Nährgehalts, sondern sie sind sehr wichtig für eine gute Verdauung, sie füllen den Magen und verleihen ein Sättigungsgefühl. Das bedeutet jetzt aber nicht, dass man haufenweise Weizenkleie essen muss. Wer viel und regelmässig Früchte, Gemüse und Getreideprodukte zu sich nimmt, ist gut mit Nahrungsfasern versorgt.

DER SCHLECHTE RUF DER KOHLENHYDRATE

Kohlenhydrate haben einen schlechten Ruf, sie gelten als Dickmacher. Einige schwören darauf, abends keine Kohlenhydrate zu essen. Kohlenhydrate komplett zu verteufeln, ist aber zu einfach. Ob Kohlenhydrate wirklich dick machen oder nicht, kommt auf die Energiebilanz (S. 297) an. Auch das Trennen der Nährstoffe (Eiweiss und Kohlenhydrate) wie es die Trennkost empfiehlt, ist nicht die Lösung beim Abnehmen. Wir sollten uns nicht nach sturen Essregeln ernähren. Denn Ausrutscher lösen ein schlechtes Gewissen aus, und Rückfälle sind so vorprogrammiert.

LOW CARB – WAS STECKT DAHINTER?

Low-Carb-Diäten gibt es viele, sie haben eines gemeinsam: eine reduzierte Kohlenhydrataufnahme. Damit sollen die Schwankungen des Blutzucker- und des Insulinspiegels verhindert und der Fettabbau gefördert werden. Kohlenhydrate mit niedrigem glykämischem Index (Gemüse, Salate, die meisten Früchte, Hülsenfrüchte) sind erlaubt. Die anderen Kohlenhydrate sollten weitgehend gemieden werden. Laut den Low-Carb-Diäten sollten dazu reichlich eiweissreiche Lebensmittel wie Fleisch, Fisch, Milchprodukte und Nüsse gegessen werden.

GUTE KOHLENHYDRATE – SCHLECHTE KOHLENHYDRATE

Wir brauchen Kohlenhydrate, damit uns warm ist, damit wir uns bewegen und damit wir denken können. Gute Kohlenhydrate sind vor allem in Gemüse, Obst, aber auch in Hülsenfrüchten und Vollkornprodukten enthalten. Es macht also keinen Sinn, Lebensmittel auf eine schwarze Liste zu setzen. Vielmehr sollte zu jeder Hauptmahlzeit eine Portion (Vollkorn-)Getreide oder Hülsenfrüchte gegessen werden.
Die Portionengrösse sollte jedoch der körperlichen Aktivität angepasst werden.
Dazu reichlich und abwechslungsreich Gemüse servieren.

Auch Kristallzucker gehört zu den Kohlenhydraten. Zucker liefert sogenannte leere Kalorien, das heisst keine Vitamine, Mineralstoffe und Nahrungsfasern. Zudem sättigt er nicht lange. Beim Abnehmen sollte deshalb nicht nur beim Fett, sondern auch beim Zucker gespart werden.

ACHTUNG TEUFELSKREIS

Kohlenhydrate gelangen nach dem Essen in den Dünndarm, und anschliessend werden sie zu Traubenzucker (Glukose) abgebaut und im Blut aufgenommen. Insulin sorgt dafür, dass der Zucker spätestens zwei Stunden nach dem Essen wieder aus der Blutbahn abgeräumt ist. Bei den Bewegungsaktiven landet er in den Muskelzellen zum Verbrennen, bei den Sitzfreudigen als Reserve im Fettgewebe. Ist der Blutzucker wieder tief, meldet sich bereits wieder der Hunger, oft sogar Heisshunger.

Dieser Teufelskreis kann durchbrochen werden, wenn man sich an den Rhythmus von drei Hauptmahlzeiten hält und möglichst keine Zwischenmahlzeiten einschaltet.

WOHLFÜHL-TIPPS

Mehr essen, um Kalorien zu sparen? Das klingt zunächst widersprüchlich, ergibt aber einen Sinn: Wer viel Obst und Gemüse, Vollkornprodukte und Hülsenfrüchte zu sich nimmt, wird mit wenig Kalorien satt. Schliesslich sind diese voluminös und faserreich. Darüber hinaus enthalten sie wertvolle Vitalstoffe.

Alle Rezepte in diesem Buch enthalten die richtigen Nährstoffe im richtigen Verhältnis. Diese Kombination hält den Blutzuckerspiegel flach und sorgt für ein gutes Sättigungsgefühl.

RISOTTO MIT WINTERSPINAT

Vor- und zubereiten: ca. 35 Min.

1 EL	**Olivenöl**
1	**Schalotte,** fein gehackt
500 g	**Winterspinat,** grobe Stiele entfernt, tropfnass
1 EL	**Olivenöl**
90 g	**Risottoreis** (z. B. Carnaroli)
½ dl	**Weisswein**
2 EL	**dunkle Sultaninen**
5 dl	**Gemüsebouillon,** heiss
150 g	**fettreduzierter Frischkäse** (z. B. St-Môret)
	Salz, Pfeffer, nach Bedarf

1. Öl in einer grossen Pfanne warm werden lassen. Schalotte andämpfen, Spinat beigeben, zusammenfallen lassen, beiseite stellen.
2. Öl in einer Pfanne warm werden lassen. Reis beigeben, unter Rühren dünsten, bis er glasig ist. Wein dazugiessen, vollständig einkochen. Sultaninen beigeben. Bouillon unter häufigem Rühren nach und nach dazugiessen, sodass der Reis immer knapp mit Flüssigkeit bedeckt ist, ca. 20 Min. köcheln, bis der Reis cremig und al dente ist.
3. Beiseite gestellten Spinat und Frischkäse unter den Risotto mischen, würzen.

Tipp: Statt Winterspinat Jungspinat verwenden.

Portion: 454 kcal, F 20 g, Kh 49 g, E 19 g

Lunch-Tipp

Am Vortag zubereiten, zugedeckt kühl stellen. Vor dem Servieren heiss werden lassen oder heiss in einer Thermo-Lunchbox mitnehmen.

KANINCHENRAGOUT MIT FEDERKOHL

Vor- und zubereiten: ca. 20 Min.
Marinieren: ca. 30 Min.
Schmoren: ca. 1 Std.

½ EL Olivenöl
1 EL flüssiger Honig
1 TL Thymianblättchen
wenig Pfeffer
300 g Kaninchenragout

½ TL Salz
1 dl Apfelwein
1½ dl Fleischbouillon
4 entsteinte Dörrpflaumen (ca. 30 g), halbiert
1 Lorbeerblatt

½ EL Olivenöl
1 Schalotte, fein gehackt
2 Knoblauchzehen, gepresst
400 g Federkohl, dicke Blattrippen herausgeschnitten, Blätter in Streifen
8 dl Gemüsebouillon
80 g grobkörniger Maisgriess (Bramata)
Salz, Pfeffer, nach Bedarf

1. Öl, Honig, Thymian und Pfeffer verrühren, Fleisch damit bestreichen, zugedeckt ca. 30 Min. marinieren.
2. Brattopf heiss werden lassen, Hitze reduzieren. Fleisch mit der Marinade rundum ca. 3 Min. anbraten, herausnehmen, salzen. Apfelwein in dieselbe Pfanne giessen, Bratsatz lösen, vollständig einkochen. Bouillon dazugiessen, Dörrpflaumen und Lorbeerblatt beigeben, aufkochen. Kaninchen wieder beigeben, zugedeckt bei kleiner Hitze ca. 1 Std. schmoren.
3. Öl in einer Pfanne warm werden lassen. Schalotte, Knoblauch und Federkohl andämpfen. Bouillon dazugiessen, aufkochen. Maisgriess einrühren, Hitze reduzieren, unter gelegentlichem Rühren bei kleiner Hitze ca. 40 Min. köcheln, würzen, mit dem Ragout anrichten.

Tipp: Statt Federkohl Wirz verwenden.

Portion: 538 kcal, F 19 g, Kh 54 g, E 38 g

Lunch-Tipp

Am Vortag zubereiten, zugedeckt kühl stellen. Vor dem Servieren heiss werden lassen oder heiss in einer Thermo-Lunchbox mitnehmen.

RIZ CASIMIR MIT CHINAKOHL

Vor- und zubereiten: ca. 40 Min.

120 g Langkornreis (z. B. Parboiled)
Salzwasser, siedend

½ EL Olivenöl
200 g Pouletbrust-Innenfilets
½ TL milder Curry
¼ TL Salz

½ EL Olivenöl
1 Zwiebel, in Streifen
400 g Chinakohl, in Streifen
1 EL milder Curry
3 dl Hühnerbouillon
½ EL Maizena
2 EL Halbrahm
1 Baby-Ananas, geviertelt, in Scheiben (ergibt ca. 200 g)
Salz, Pfeffer, nach Bedarf

1. Ofen auf 60 Grad vorheizen, Platte und Teller vorwärmen.
2. Reis im Salzwasser ca. 20 Min. knapp weich kochen, abtropfen, zugedeckt warm stellen.
3. Öl im Wok oder in einer weiten, beschichteten Bratpfanne heiss werden lassen. Poulet rundum ca. 3 Min. anbraten, herausnehmen, würzen.
4. Öl in derselben Pfanne warm werden lassen. Zwiebel und Chinakohl ca. 2 Min. andämpfen, Curry kurz mitdämpfen. Bouillon dazugiessen. Maizena mit dem Rahm anrühren, unter Rühren beigeben, ca. 5 Min. köcheln. Poulet wieder beigeben, Ananas darauflegen, nur noch heiss werden lassen, würzen, mit dem Reis auf den vorgewärmten Tellern anrichten.

Tipp: Statt Chinakohl Zuckerhut verwenden.

Portion: 507 kcal, F 13 g, Kh 67 g, E 31 g

Lunch-Tipp

Am Vortag zubereiten, zugedeckt kühl stellen. Vor dem Servieren heiss werden lassen oder heiss in einer Thermo-Lunchbox mitnehmen.

ASIATISCHES RINDSGESCHNETZELTES

Vor- und zubereiten: ca. 30 Min.

120 g Basmatireis
1½ dl Wasser
½ EL Ingwer, fein gerieben

½ EL geröstetes Sesamöl
200 g geschnetzeltes Rindfleisch (à la minute)
¼ TL Salz

½ EL geröstetes Sesamöl
3 Bundzwiebeln mit dem Grün, in Ringen
2 Knoblauchzehen, in Scheibchen
400 g Chinakohl, in Streifen
½ EL Ingwer, fein gerieben
1 roter Chili, entkernt, fein gehackt

3 EL Sojasauce
2 EL Wasser
20 g Cashew-Nüsse, geröstet

1. Reis im Sieb unter fliessendem kaltem Wasser so lange spülen, bis dieses klar ist, gut abtropfen. Wasser mit dem Reis und dem Ingwer aufkochen. Reis zugedeckt auf ausgeschalteter Platte ca. 15 Min. quellen lassen, dabei Deckel nie abheben. Reis mit einer Gabel lockern.
2. Öl im Wok oder in einer weiten, beschichteten Bratpfanne heiss werden lassen. Fleisch ca. 2 Min. anbraten, herausnehmen, salzen.
3. Öl in derselben Pfanne heiss werden lassen. Bundzwiebeln und alle Zutaten bis und mit Chili ca. 4 Min. rührbraten.
4. Sojasauce und Wasser mit dem Fleisch beigeben, nur noch heiss werden lassen. Nüsse darüberstreuen, mit dem Reis anrichten.

Portion: 496 kcal, F 14 g, Kh 58 g, E 37 g

Lunch-Tipp

Am Vortag zubereiten, zugedeckt kühl stellen. Vor dem Servieren heiss werden lassen oder heiss in einer Thermo-Lunchbox mitnehmen.

Herzhaft geschmortes Poulet

Wer auf die Linie schaut, muss sich nicht auf Pouletbrüstli beschränken. Denn gerade das Schenkelfleisch verleiht Schmorgerichten ein besonders herzhaftes Aroma. Da das Fett vor allem in der Poulethaut ist, muss diese entfernt werden. Das Fett ist aber auch ein Geschmacksträger. Damit Poulet ohne Haut ebenfalls aromatisch wird, mit Orangen-, Zitronenschale oder Kräutern würzen.

POULETSCHENKEL MIT CHICORÉE

Vor- und zubereiten: ca. 30 Min.
Schmoren: ca. 25 Min.

1 EL Olivenöl

400 g Pouletschenkel, Haut und Fett entfernt, in Ober- und Unterteile geteilt (ergibt ca. 350 g)

¼ TL Salz

wenig Pfeffer

5 g Butter

1 EL Zucker

500 g Chicorée, längs geviertelt

1 Bio-Orange, wenig abgeriebene Schale, ganzer Saft (ca. 1 dl)

1 Zitrone, nur 2 EL Saft

½ TL Gemüsebouillonpulver

100 g Basmatireis

1½ dl Wasser

1 Sternanis

1. Öl in einer beschichteten Bratpfanne heiss werden lassen, Hitze reduzieren. Poulet rundum ca. 8 Min. anbraten, herausnehmen, würzen. Pfanne von der Platte nehmen.
2. Butter und Zucker in dieselbe Pfanne geben, Chicorée darauflegen, kurz andämpfen. Orangenschale und -saft, Zitronensaft und Bouillonpulver beigeben. Poulet wieder beigeben, zugedeckt bei mittlerer Hitze ca. 25 Min. schmoren, Chicorée und Poulet dabei einmal wenden.
3. Reis im Sieb unter fliessendem kaltem Wasser so lange spülen, bis dieses klar ist, gut abtropfen. Wasser mit dem Reis und dem Sternanis aufkochen. Reis zugedeckt auf ausgeschalteter Platte ca. 15 Min. quellen lassen, dabei Deckel nie abheben. Sternanis entfernen, Reis mit einer Gabel lockern, mit dem Poulet und dem Chicorée auf Tellern anrichten.

Portion: 528 kcal, F 18 g, Kh 56 g, E 36 g

Lunch-Tipp

Am Vortag zubereiten, zugedeckt kühl stellen. Vor dem Servieren heiss werden lassen oder heiss in einer Thermo-Lunchbox mitnehmen.

DÖRRBOHNEN MIT VERLORENEM EI

Vor- und zubereiten: ca. 45 Min.

1 EL Rapsöl
1 Zwiebel, fein gehackt
1 Knoblauchzehe, gepresst
100 g Dörrbohnen
1 dl Apfelwein
5 dl Gemüsebouillon

1 Apfel (z. B. Braeburn), in Schnitzen
Salz, Pfeffer, nach Bedarf

1½ l Wasser
1 dl Weissweinessig
4 frische Eier
2 Prisen Fleur de Sel
wenig Pfeffer
100 g Weissbrot

1. Öl in einer Pfanne warm werden lassen. Zwiebel und Knoblauch andämpfen. Dörrbohnen kurz mitdämpfen. Apfelwein dazugiessen, vollständig einkochen. Bouillon dazugiessen, aufkochen, Hitze reduzieren, Bohnen zugedeckt ca. 25 Min. knapp weich köcheln.
2. Apfel auf die Bohnen legen, zugedeckt ca. 5 Min. mitköcheln, würzen.
3. Wasser und Essig in einer Pfanne aufkochen, Hitze reduzieren. Eier einzeln in eine Tasse aufschlagen und sorgfältig ins leicht siedende Wasser gleiten lassen. Eier ca. 4 Min. unter dem Siedepunkt ziehen lassen, mit einer Schaumkelle herausnehmen, abtropfen. Eier auf den Dörrbohnen anrichten, würzen. Brot dazu servieren.

Portion: 521 kcal, F 18 g, Kh 54 g, E 27 g

LAUCH-KARTOFFELSTOCK MIT SCHINKEN

Vor- und zubereiten: ca. 35 Min.

4 dl Wasser
1 TL Salz
500 g Lauch, in ca. 2 cm grossen Stücken
400 g mehlig kochende Kartoffeln, in Stücken

1 dl Milch
2 EL grobkörniger Senf
wenig Muskat
wenig Pfeffer

2 EL Olivenöl zum Braten
200 g Hinterschinken in Tranchen, in Vierteln

1. Wasser aufkochen, salzen. Lauch und Kartoffeln beigeben, offen ca. 20 Min. weich kochen.
2. Milch und Senf beigeben. Kartoffeln mit dem Kartoffelstampfer oder einer Gabel zerdrücken, würzen.
3. Wenig Öl in einer beschichteten Bratpfanne heiss werden lassen. Schinken portionenweise beidseitig je ca. 1 Min. knusprig braten, auf Haushaltpapier gut abtropfen, mit dem Lauch-Kartoffelstock anrichten.

Portion: 468 kcal, F 20 g, Kh 37 g, E 30 g

Lunch-Tipp

Am Vortag zubereiten, zugedeckt kühl stellen. Vor dem Servieren heiss werden lassen oder heiss in einer Thermo-Lunchbox mitnehmen. Schinken separat mitnehmen.

POULETSPIESSLI MIT LINSENGEMÜSE

Vor- und zubereiten: ca. 40 Min.
Ergibt 4 Spiessli

1 TL	**geröstetes Sesamöl**
1	**Zwiebel,** in feinen Streifen
1	**roter Chili,** entkernt, in Ringen
500 g	**Pak-Choi,** längs in 6 Stücke geschnitten
100 g	**rote Linsen**
2 dl	**Gemüsebouillon**
	Salz, Pfeffer, nach Bedarf
10 g	**gesalzenes Popcorn,** grob gehackt
1	**Pouletbrüstli** (ca. 200 g), längs in 4 Streifen, flach geklopft
4	**Holzspiesschen**
1 EL	**geröstetes Sesamöl**
¼ TL	**Salz**
wenig	**Pfeffer**
1 EL	**Akazienhonig**

1. Öl in einer Pfanne warm werden lassen. Zwiebel, Chili und Pack-Choi ca. 5 Min. andämpfen. Linsen und Bouillon beigeben, aufkochen, zugedeckt bei kleiner Hitze ca. 8 Min. köcheln, würzen, zugedeckt beiseite stellen.
2. Popcorn in einen flachen Teller geben. Je einen Pouletstreifen wellenförmig an ein Spiesschen stecken.
3. Öl in einer beschichteten Bratpfanne heiss werden lassen. Hitze reduzieren, Spiessli beidseitig je ca. 3 Min. braten. Herausnehmen, würzen, mit Honig bestreichen, im Popcorn wenden, mit dem Linsengemüse anrichten.

Tipps

> Statt Pak-Choi Chinakohl, in breiten Streifen, verwenden.

> Als Dip zu den Pouletspiessli 2 Esslöffel Sojasauce in Pak-Choi-Blättern servieren.

Portion: 458 kcal, F 12 g, Kh 45 g, E 41 g

FRITTATA PRIMAVERA

Vor- und zubereiten: ca. 40 Min.

1 EL	**Olivenöl**
350 g	**Frühkartoffeln,** in ca. 2 mm dicken Scheiben
500 g	**grüne Spargeln,** unteres Drittel geschält, schräg in ca. 2 cm langen Stücken
½ TL	**Salz**
wenig	**Pfeffer**
6	**frische Eier**
2 EL	**Schnittlauch,** fein geschnitten
¼ TL	**Cayennepfeffer**
½ TL	**Salz**

1. Öl in einer beschichteten Bratpfanne (ca. 24 cm Ø) heiss werden lassen, Hitze reduzieren, Kartoffeln ca. 5 Min. anbraten. Spargeln beigeben, ca. 5 Min. unter Wenden mitbraten, würzen.
2. Eier mit dem Schnittlauch verklopfen, würzen, in die Pfanne giessen. Zugedeckt bei kleiner Hitze ca. 15 Min. fest, aber nicht trocken werden lassen. Einen flachen Teller auf die Pfanne legen, Frittata auf den Teller stürzen. Frittata zurück in die Pfanne gleiten lassen, offen ca. 5 Min. fertig backen. Frittata auf eine Platte stürzen.

Tipp: Statt grüne weisse Spargeln, Broccoli, in Röschen, oder Kürbis, in feinen Scheiben, verwenden.

Portion: 456 kcal, F 22 g, Kh 35 g, E 26 g

Lunch-Tipp

Am Vortag zubereiten, zugedeckt kühl stellen. Vor dem Servieren heiss werden lassen oder kalt geniessen.

SPARGELRISOTTO MIT ROHSCHINKEN

Vor- und zubereiten: ca. 40 Min.

½ EL Olivenöl

500 g grüne Spargeln, unteres Drittel geschält, Spitzen beiseite gestellt, Rest in ca. 2 cm grossen Stücken

1 dl Gemüsebouillon

Salz, Pfeffer, nach Bedarf

---

1 EL Olivenöl

1 Zwiebel, fein gehackt

90 g Risottoreis (z. B. Carnaroli)

½ dl Weisswein

5 dl Gemüsebouillon, heiss

1 EL geriebener Parmesan

10 g Butter

Salz, Pfeffer, nach Bedarf

---

einige Zweiglein Kerbel, zerzupft

100 g Bündner Rohschinken

---

1. Öl in einer Pfanne warm werden lassen. Ca. 150 g Spargelstücke ca. 2 Min. andämpfen. Bouillon dazugiessen, ca. 10 Min. weich köcheln, pürieren, würzen, zugedeckt beiseite stellen.
2. Öl in einer Pfanne warm werden lassen. Zwiebel andämpfen, Reis beigeben, unter Rühren dünsten, bis er glasig ist. Wein dazugiessen, vollständig einkochen. Bouillon unter häufigem Rühren nach und nach dazugiessen, sodass der Reis immer knapp mit Flüssigkeit bedeckt ist. Nach ca. 10 Min. beiseite gestellte Spargelspitzen und restliche Spargelstücke beigeben, ca. 10 Min. weiterköcheln, bis der Reis cremig und al dente ist. Käse und Butter darunterrühren, würzen.
3. Spargelpüree heiss werden lassen. Risotto mit Kerbel garnieren, mit dem Püree anrichten. Rohschinken dazu servieren.

Portion: 465 kcal, F 18 g, Kh 46 g, E 31 g

Lunch-Tipp

Am Vortag zubereiten, zugedeckt kühl stellen. Vor dem Servieren heiss werden lassen oder heiss in einer Thermo-Lunchbox mitnehmen. Rohschinken separat mitnehmen.

Schweizer Spargeln

Vor ein paar Jahren waren sie noch eher selten und entsprechend kostspielig. Nun kommen immer öfter hiesige Spargeln in die Läden. Je nach Wetter sind sie bereits ab Mitte April während etwa zweier Monate erhältlich. Es lohnt sich, hiesige Spargeln zu kaufen, denn durch die kurzen Transportwege sind sie einfach frischer, besser im Aroma, und man hat weniger Verlust durch Rüstabfälle.

ORECCHIETTE MIT CREVETTEN

Vor- und zubereiten: ca. 25 Min.

120 g Teigwaren (z. B. Orecchiette)
Salzwasser, siedend

1 EL Olivenöl
400 g Zucchini, längs geviertelt, in Stücken
¼ TL Salz

1 EL Olivenöl
250 g rohe Crevettenschwänze (Bio), bis auf das Schwanzende geschält
2 Knoblauchzehen, in Scheibchen
1 roter Peperoncino, entkernt, in Ringen
¾ TL Salz
½ Bio-Zitrone, geviertelt, in Scheibchen
Salz, nach Bedarf
2 EL Basilikum, grob geschnitten

1. Teigwaren im Salzwasser al dente kochen, ca. 1 dl Kochwasser beiseite stellen, Teigwaren abtropfen.
2. Öl in einer beschichteten Bratpfanne heiss werden lassen. Hitze reduzieren, Zucchini ca. 4 Min. braten, salzen, herausnehmen.
3. Öl in derselben Pfanne heiss werden lassen. Crevetten, Knoblauch und Peperoncino ca. 1 Min. braten, salzen. Zitrone mit den Teigwaren und den Zucchini beigeben, beiseite gestelltes Kochwasser beigeben, nur noch heiss werden lassen, salzen. Basilikum darüberstreuen.

Portion: 475 kcal, F 14 g, Kh 48 g, E 36 g

HACKTÄTSCHLI MIT TOMATENGEMÜSE

Vor- und zubereiten: ca. 35 Min.
Ergibt 8 Stück

220 g mageres Hackfleisch (Kalb)
300 g Zucchini, grob gerieben
50 g Cornflakes
1 Ei
1 EL Senf
1 EL Oregano, fein geschnitten
¾ TL Salz
wenig Pfeffer

1 EL Olivenöl

250 g Cherry-Tomaten, halbiert
1 roter Peperoncino, entkernt, fein gehackt
1 dl Gemüsebouillon
1 EL Oregano, fein geschnitten
120 g Halbweissbrot (z. B. Pagnol)

1. Fleisch und alle Zutaten bis und mit Pfeffer mischen, von Hand gut kneten, bis sich die Zutaten zu einer kompakten Masse verbinden. Masse in 8 Portionen teilen, zu Tätschli formen.
2. Öl in einer beschichteten Bratpfanne heiss werden lassen. Tätschli bei mittlerer Hitze beidseitig je ca. 2 Min. anbraten, herausnehmen.
3. Tomaten und Peperoncino in derselben Pfanne andämpfen. Bouillon und Oregano beigeben. Tätschli darauflegen, zugedeckt bei kleiner Hitze ca. 10 Min. köcheln. Brot dazu servieren.

Portion: 527 kcal, F 17 g, Kh 56 g, E 37 g

Lunch-Tipp

Am Vortag zubereiten, zugedeckt kühl stellen. Vor dem Servieren heiss werden lassen oder heiss in einer Thermo-Lunchbox mitnehmen oder auch kalt geniessen.

GESCHNETZELTES MIT BRATKARTOFFELN

Vor- und zubereiten: ca. 45 Min.
Schmoren: ca. 30 Min.

½ EL Olivenöl
240 g geschnetzeltes Rindfleisch (à la minute)
¼ TL Salz
wenig Pfeffer

½ EL Olivenöl
1 Zwiebel, fein gehackt
1 Knoblauchzehe, gepresst
1 EL Mehl
1 EL Tomatenpüree
3 dl Fleischbouillon

1 EL Olivenöl
400 g Fenchel mit dem Kraut, in ca. 2 mm dicke Scheiben gehobelt, Fenchelkraut, fein geschnitten, beiseite gestellt
400 g Frühkartoffeln, in ca. 2 mm dicke Scheiben gehobelt
1 TL Fenchelsamen
½ TL Salz
wenig Pfeffer

1. Öl in einer beschichteten Bratpfanne heiss werden lassen. Fleisch ca. 2 Min. anbraten, herausnehmen, würzen.
2. Öl in derselben Pfanne warm werden lassen. Zwiebel und Knoblauch andämpfen. Mehl und Tomatenpüree beigeben, kurz mitdämpfen. Bouillon dazugiessen, aufkochen, Hitze reduzieren, Fleisch wieder beigeben, zugedeckt bei kleiner Hitze unter gelegentlichem Rühren ca. 30 Min. schmoren.
3. Öl in einer beschichteten Bratpfanne heiss werden lassen. Fenchel und Kartoffeln beigeben, zugedeckt bei mittlerer Hitze ca. 15 Min. dämpfen. Fenchelsamen beigeben, offen ca. 15 Min. unter gelegentlichem Wenden braten, würzen. Beiseite gestelltes Fenchelkraut daruntermischen, mit dem Geschnetzelten anrichten.

Portion: 461 kcal, F 15 g, Kh 43 g, E 34 g

Lunch-Tipp

Am Vortag zubereiten, zugedeckt kühl stellen. Vor dem Servieren heiss werden lassen.

SCHWEINSPLÄTZLI MIT ZUCCHINI

Vor- und zubereiten: ca. 35 Min.

2	**Schweinsplätzli** (z. B. Nierstück, je ca. 100 g)
2	**Zweiglein Rosmarin**
1	**Knoblauchzehe,** in Scheibchen
½ EL	**Olivenöl**
¼ TL	**Salz**
wenig	**Pfeffer**
½ EL	**Olivenöl**
400 g	**grüne und gelbe Zucchini,** längs geviertelt, in Stücken
1 EL	**Rosmarin,** fein geschnitten
1 dl	**Weisswein**
1 dl	**Fleischbouillon**
10 g	**Butter**
	Salz, Pfeffer, nach Bedarf
120 g	**Teigwaren** (z. B. Tagliatelle)
	Salzwasser, siedend

1. Ofen auf 60 Grad vorheizen, Platte und Teller vorwärmen.
2. Plätzli mit einem spitzen Messer je 4-mal einstechen. Rosmarin und Knoblauch in die Einstiche stecken. Öl in einer beschichteten Bratpfanne heiss werden lassen. Plätzli beidseitig je ca. 2 Min. braten, herausnehmen, würzen, warm stellen.
3. Öl in derselben Pfanne heiss werden lassen. Zucchini ca. 4 Min. anbraten, Rosmarin und Wein beigeben, Wein vollständig einkochen. Bouillon dazugiessen, Zucchini ca. 4 Min. weich köcheln. Pfanne von der Platte nehmen. Butter unter Rühren beigeben. Fleisch mit dem entstandenen Saft beigeben, würzen, warm stellen.
4. Teigwaren im Salzwasser al dente kochen, abtropfen, mit den Plätzli und dem Gemüse auf den vorgewärmten Tellern anrichten.

Portion: 457 kcal, F 15 g, Kh 46 g, E 34 g

Lunch-Tipp

Am Vortag zubereiten, zugedeckt kühl stellen. Vor dem Servieren heiss werden lassen.

Feta

Traditionell wird Feta aus Schaf- und Ziegenmilch hergestellt. Mittlerweile ist aber auch Feta aus Kuhmilch erhältlich. Was man bevorzugt, ist Geschmackssache. Da aber heute viele Leute Kuhmilch nicht so gut vertragen, ist für sie die Variante mit Schaf- und Ziegenmilch oft bekömmlicher.

TOMATEN-PENNE MIT FETA

Vor- und zubereiten: ca. 25 Min.

120 g Teigwaren (z. B. Penne rigate)
Salzwasser, siedend

1 EL Olivenöl
1 Zwiebel, fein gehackt
2 Knoblauchzehen, in Scheibchen
1 roter Peperoncino, entkernt, in feinen Streifen
250 g Tomaten, in Schnitzen
250 g Cherry-Tomaten, halbiert
1 Prise Zucker
¼ TL Salz

1 EL glattblättrige Petersilie, grob geschnitten
2 EL Basilikum, grob geschnitten
100 g Feta, zerbröckelt

1. Teigwaren im Salzwasser al dente kochen, abtropfen.
2. Öl in derselben Pfanne warm werden lassen. Zwiebel, Knoblauch und Peperoncino andämpfen. Tomaten, Zucker und Salz beigeben, zugedeckt bei mittlerer Hitze ca. 5 Min. mitdämpfen.
3. Petersilie und Basilikum mit den Teigwaren beigeben, mischen, nur noch heiss werden lassen. Feta darüberstreuen.

Portion: 463 kcal, F 17 g, Kh 55 g, E 19 g

Lunch-Tipp

Am Vortag zubereiten, zugedeckt kühl stellen. Mit 2 Esslöffel Salatsauce (S. 78, 80) mischen, als Salat geniessen.

SPIESSLI MIT GURKENSALSA

Vor- und zubereiten: ca. 45 Min.
Ergibt 8 Spiessli

- 1 **Gurke** (ca. 300 g), in Würfeli
- 1 Glas **wilde Paprika** (Peppadew, ca. 400 g), abgetropft, fein gehackt
- 1 **Knoblauchzehe,** gepresst
- 2 EL **Dill,** fein geschnitten

- 1½ EL **Olivenöl**
- 400 g **fest kochende Kartoffeln,** in ca. 5 mm dicken Scheiben
- ¼ TL **Salz**

- 2 **Schweinsplätzli** (z. B. Nuss, je ca. 100 g), längs in je 4 Streifen, flach geklopft
- 8 **Holzspiesschen**
- ½ EL **Olivenöl**
- ¼ TL **Salz**
- wenig **Pfeffer**

1. Ofen auf 60 Grad vorheizen, Platte und Teller vorwärmen. Gurke, Paprika, Knoblauch und Dill mischen, beiseite stellen.
2. Öl in einer beschichteten Bratpfanne heiss werden lassen. Kartoffeln beigeben, zugedeckt bei mittlerer Hitze ca. 15 Min. andämpfen. Deckel entfernen, ca. 15 Min. unter gelegentlichem Wenden knusprig braten, salzen, herausnehmen, warm stellen.
3. Je 1 Fleischstreifen wellenförmig an ein Spiesschen stecken. Öl in derselben Pfanne heiss werden lassen. Spiessli beidseitig je ca. 2 Min. braten, herausnehmen, würzen. Spiessli mit der Gurkensalsa und den Bratkartoffeln servieren.

Portion: 474 kcal, F 16 g, Kh 52 g, E 28 g

Lunch-Tipp

Am Vortag zubereiten, zugedeckt kühl stellen. Vor dem Servieren heiss werden lassen.

SPAGHETTI CARBONARA MIT SPINATSALAT

Vor- und zubereiten: ca. 35 Min.

---

2 EL Aceto balsamico
1 EL Olivenöl
1 TL flüssiger Honig
Salz, Pfeffer, nach Bedarf
150 g Jungspinat
250 g Rüebli, in Stängelchen

---

100 g Spaghetti
Salzwasser, siedend

---

1 TL Olivenöl
40 g Mostbröckli in Tranchen, in Streifen
1 Zwiebel, fein gehackt

---

100 g fettreduzierter Frischkäse (z. B. St-Môret)
2 frische Eier
2 EL geriebener Parmesan

---

1. Aceto, Öl und Honig verrühren, würzen. Spinat und Rüebli in einer Schüssel mischen, beides beiseite stellen.
2. Spaghetti im Salzwasser al dente kochen, ca. 1 dl Kochwasser beiseite stellen, Spaghetti abtropfen.
3. Öl in einer beschichteten Bratpfanne warm werden lassen. Mostbröckli langsam knusprig braten. Zwiebel beigeben, ca. 2 Min. mitbraten. Spaghetti beigeben, heiss werden lassen, Hitze reduzieren.
4. Frischkäse, Eier und Käse gut verrühren, mit dem beiseite gestellten Kochwasser beigeben, mit zwei Gabeln sorgfältig mischen (die Eier sollen nicht gerinnen). Spinat und Rüebli mit der Salatsauce mischen, zu den Spaghetti servieren.

Portion: 551 kcal, F 22 g, Kh 56 g, E 30 g

ZUCCHINI-KÄSESCHNITTEN

Vor- und zubereiten: ca. 15 Min.
Backen: ca. 15 Min.

400 g Zucchini
100 g rezenter Gruyère
2 Eier, verklopft
1 TL Thymianblättchen
½ TL Salz
1 TL Sambal Oelek

½ Baguette (ca. 150 g), quer und längs halbiert

1. Zucchini und Käse an der Röstiraffel in eine Schüssel reiben. Eier und Thymian daruntermischen, würzen.
2. Brote auf ein mit Backpapier belegtes Blech legen, Zucchini-Masse auf den Broten verteilen.
3. **Backen:** ca. 15 Min. in der oberen Hälfte des auf 200 Grad vorgeheizten Ofens.

Tipp: Restliches Baguette am nächsten Morgen zum Frühstück servieren oder eingepackt tiefkühlen. Haltbarkeit: ca. 1 Monat.

Portion: 518 kcal, F 23 g, Kh 47 g, E 31 g

GEFÜLLTE PEPERONI AUF CURRYREIS

Vor- und zubereiten: ca. 35 Min.

2 gelbe Peperoni (je ca. 200 g)

200 g Hüttenkäse
100 g tiefgekühlte Erbsli, angetaut
4 EL geriebener Sbrinz
1 roter Peperoncino, entkernt, fein gehackt
¼ TL Salz

3½ dl Wasser
1 EL milder Curry
½ EL Gemüsebouillonpulver
120 g Langkornreis (z. B. Parboiled)

1. Von den Peperoni je einen ca. 3 cm dicken Deckel abschneiden, beiseite stellen. Peperoni entkernen.
2. Hüttenkäse und alle Zutaten bis und mit Salz mischen. Peperoni damit füllen, Deckel aufsetzen.
3. Wasser mit Curry und Bouillon aufkochen. Reis beigeben, Peperoni daraufstellen, zugedeckt bei mittlerer Hitze ca. 20 Min. weich kochen.

Portion: 488 kcal, F 13 g, Kh 65 g, E 28 g

GEFÜLLTES POULETBRÜSTLI MIT LATTICH

Vor- und zubereiten: ca. 50 Min.

2½ dl Wasser
¼ TL Salz
120 g Langkornreis (z. B. Parboiled)
2 EL Kürbiskerne, geröstet, grob gehackt

2 EL Petersilie, grob geschnitten
1 EL Basilikum, grob geschnitten
2 EL geriebener Sbrinz
1 TL Wasser
1 Prise Salz
wenig Pfeffer
1 Pouletbrüstli (ca. 200 g), längs eine Tasche eingeschnitten

½ EL Olivenöl
¼ TL Salz
wenig Pfeffer

½ EL Olivenöl
1 Zwiebel, fein gehackt
500 g Lattich, in ca. 1 cm breiten Streifen
½ dl Gemüsebouillon
Salz, Pfeffer, nach Bedarf

1. Ofen auf 60 Grad vorheizen, Platte und Teller vorwärmen.
2. Wasser in einer Pfanne aufkochen, salzen. Reis beigeben, zugedeckt bei kleiner Hitze ca. 20 Min. köcheln. 1 Esslöffel Kürbiskerne daruntermischen, zugedeckt warm stellen.
3. Restliche Kürbiskerne, Petersilie und alle Zutaten bis und mit Pfeffer mischen. Pouletbrüstli damit füllen, Öffnung mit Zahnstochern verschliessen.
4. Öl in einer beschichteten Bratpfanne heiss werden lassen. Poulet beidseitig je ca. 2 Min. anbraten, Hitze reduzieren, rundum ca. 12 Min. fertig braten, herausnehmen, würzen, warm stellen.
5. Öl in einer Pfanne warm werden lassen. Zwiebel und Lattich andämpfen. Bouillon beigeben, zugedeckt bei mittlerer Hitze ca. 5 Min. köcheln, würzen.
6. Pouletbrüstli tranchieren, mit dem Reis und dem Lattich auf den vorgewärmten Tellern anrichten.

Portion: 504 kcal, F 14 g, Kh 55 g, E 36 g

Lunch-Tipp

Am Vortag zubereiten, zugedeckt kühl stellen. Vor dem Servieren heiss werden lassen oder heiss in einer Thermo-Lunchbox mitnehmen.

HÖRNLI MIT KOHLRABI

Vor- und zubereiten: ca. 30 Min.

120 g Teigwaren (z. B. Hörnli)
Salzwasser, siedend

1½ EL Rapsöl
1 Zwiebel, fein gehackt
1 Knoblauchzehe, in Scheibchen
400 g Kohlrabi, in ca. 1 cm grossen Würfeln
4 getrocknete Tomaten in Öl (ca. 20 g), sehr gut trocken getupft, fein geschnitten
1½ dl Gemüsebouillon

200 g Hüttenkäse, abgespült, abgetropft
50 g Rucola, grob geschnitten
Salz, Pfeffer, nach Bedarf

1. Teigwaren im Salzwasser al dente kochen, abtropfen.
2. Öl in derselben Pfanne warm werden lassen. Zwiebel und Knoblauch kurz andämpfen. Kohlrabi und Tomaten ca. 2 Min. mitdämpfen. Bouillon dazugiessen, zugedeckt ca. 10 Min. kochen.
3. Hüttenkäse und Rucola mit den Teigwaren beigeben, heiss werden lassen, würzen.

Tipp: Statt Kohlrabi Mairüben oder Navets verwenden (kleines Bild).

Portion: 475 kcal, F 17 g, Kh 55 g, E 26 g

Lunch-Tipp

Am Vortag zubereiten, Hüttenkäse und Rucola separat zugedeckt kühl stellen. Mit 2 Esslöffel Salatsauce (S. 78, 80), Hüttenkäse und Rucola mischen, als Salat geniessen.

Mairüben, Navets

Diese Frühlingsdelikatesse gehört zu den ersten Gemüsesorten aus heimischem Anbau. Sie sind herrlich zart, rettichähnlich im Geschmack mit einer feinen Süsse. Die kleinen, kugelförmigen Wurzeln dieser Rüben sind weiss oder weisslila gefärbt und vitaminreich. Die Blätter nicht wegwerfen, denn unter dem Namen Stielmus werden sie als Gemüse verkauft und finden in Salaten oder Suppen Verwendung oder lassen sich auch wie Spinat zubereiten.

VENERE-REIS MIT KRAUTSTIEL UND PILZEN

Vor- und zubereiten: ca. 1 Std.

½ EL Olivenöl
1 Schalotte, fein gehackt
120 g schwarzer Vollreis (z. B. Venere)
2 EL trockener weisser Vermouth (z. B. Noilly Prat)
6 dl Gemüsebouillon

1 EL Olivenöl
400 g Krautstiel, in feinen Streifen
1 Knoblauchzehe, gepresst
1 dl Wasser
½ TL Salz
wenig Pfeffer

½ EL Olivenöl
200 g Kräuterseitlinge, in Scheibchen
200 g Hinterschinken, in Würfeli
1 Prise Salz
wenig Pfeffer

1. Öl in einer Pfanne warm werden lassen. Schalotte andämpfen, Reis beigeben, unter Rühren dünsten. Vermouth beigeben, vollständig einkochen, Bouillon dazugiessen, aufkochen, unter gelegentlichem Rühren bei mittlerer Hitze ca. 50 Min. kochen.
2. Öl in einer Pfanne warm werden lassen. Krautstiel und Knoblauch kurz andämpfen. Wasser beigeben, würzen, zugedeckt ca. 10 Min. köcheln.
3. Öl in einer beschichteten Bratpfanne heiss werden lassen. Pilze und Schinken bei mittlerer Hitze ca. 5 Min. rührbraten, würzen, mit dem Reis und dem Krautstiel servieren.

Schneller: Statt Vollreis Langkornreis verwenden, diesen nur ca. 20 Min. kochen.

Tipp: Statt Kräuterseitlinge Eierschwämme verwenden.

Portion: 504 kcal, F 18 g, Kh 52 g, E 31 g

FLEISCHVÖGEL MIT POLENTA

Vor- und zubereiten: ca. 1 Std.

---

8 dl Gemüsebouillon
120 g grobkörniger Maisgriess (Bramata)
2 EL fettreduzierter Frischkäse (z. B. Philadelphia Balance)
Salz, Pfeffer, nach Bedarf

---

4 dünne Rindsplätzli (z. B. Huft, je ca. 60 g), etwas flach geklopft
4 Salbeiblätter
2 Tranchen Rohschinken (z. B. Prosciutto di Parma), halbiert
1 EL Mehl

---

1 EL Olivenöl
¼ TL Salz
wenig Pfeffer

---

2 Zwiebeln, fein gehackt
500 g Blattspinat, tropfnass
½ TL Salz
wenig Pfeffer

---

1. Bouillon aufkochen. Maisgriess einrühren, Hitze reduzieren, unter gelegentlichem Rühren bei kleiner Hitze ca. 40 Min. zu einem dickflüssigen Brei köcheln. Frischkäse darunterrühren, würzen.
2. Plätzli mit je einem Salbeiblatt und einer halben Tranche Rohschinken belegen. Plätzli aufrollen, mit Zahnstochern fixieren. Mehl in einen flachen Teller geben.
3. Öl in einer weiten Bratpfanne heiss werden lassen. Fleischvögel im Mehl wenden, überschüssiges Mehl abschütteln, Fleisch rundum ca. 5 Min. braten, herausnehmen, würzen, zugedeckt beiseite stellen.
4. Zwiebeln in derselben Pfanne andämpfen. Spinat portionenweise beigeben, zusammenfallen lassen, würzen. Spinat mit den Fleischvögeln und der Polenta anrichten.

Portion: 542 kcal, F 13 g, Kh 58 g, E 48 g

EGLI-TÄTSCHLI MIT CHUTNEY

Vor- und zubereiten: ca. 45 Min.
Ergibt 4 Stück

300 g	**Stangensellerie mit dem Grün,** in Würfeli, 3 Esslöffel Grün, fein geschnitten, beiseite gestellt
200 g	**Schalotten,** in feinen Streifen
120 g	**Zwetschgen,** entsteint, in Würfeli
1	**roter Peperoncino,** entkernt, fein gehackt
2 dl	**Wasser**
½ EL	**Zucker**
½ TL	**Salz**
2 EL	**Apfelessig**
250 g	**Eglifilets ohne Haut**
2 EL	**Paniermehl**
1	**frisches Ei**
1 EL	**Senf**
½ TL	**Salz**
wenig	**Pfeffer**
1 EL	**Olivenöl**
2	**Nussbrötli** (je ca. 75 g), halbiert

1. Stangensellerie und alle Zutaten bis und mit Salz in einer Pfanne mischen, aufkochen. Hitze reduzieren, zugedeckt bei mittlerer Hitze ca. 15 Min. kochen. Essig beigeben, zugedeckt ca. 15 Min. fertig kochen, etwas abkühlen. 1 EL Stangenselleriegrün daruntermischen.
2. Fisch entgräten, grob hacken, mit Paniermehl, Ei und Senf mischen, restliches Stangenselleriegrün daruntermischen, würzen.
3. Öl in einer beschichteten Bratpfanne heiss werden lassen, Hitze reduzieren. Aus der Fischmasse 4 Tätschli formen, bei mittlerer Hitze beidseitig je ca. 4 Min. braten.
4. Brötli mit wenig Chutney bestreichen, Tätschli darauflegen. Restliches Chutney dazu servieren.

Tipp: Statt Zwetschgen Aprikosen verwenden.

Portion: 510 kcal, F 16 g, Kh 54 g, E 36 g

TEIGWARENGRATIN

Vor- und zubereiten: ca. 30 Min.
Gratinieren: ca. 35 Min.
Für eine ofenfeste Form von ca. 2 Litern

120 g	**Teigwaren** (z. B. Spiralen)
	Salzwasser, siedend
1 EL	**Rapsöl**
1	**Zwiebel,** fein gehackt
400 g	**verschiedenfarbige Rüebli,** in ca. 4 cm langen Stängeln
1 dl	**Gemüsebouillon**
2 EL	**Koriander** oder Petersilie, fein geschnitten
3 EL	**fettreduzierter Frischkäse** (z. B. Philadelphia Balance)
2	**Eier**
1 TL	**Maizena**
2 TL	**Ingwer,** fein gerieben
wenig	**Pfeffer**
3 EL	**geriebener Sbrinz**

1. Teigwaren im Salzwasser knapp al dente kochen, ca. 2 dl Kochwasser beiseite stellen, Teigwaren abtropfen.
2. Öl in derselben Pfanne warm werden lassen. Zwiebel und Rüebli ca. 2 Min. andämpfen. Bouillon dazugiessen, zugedeckt bei mittlerer Hitze ca. 5 Min. knapp weich kochen. Koriander mit den Teigwaren beigeben, mischen, alles in die Form geben.
3. Beiseite gestelltes Kochwasser, Frischkäse und alle Zutaten bis und mit Pfeffer verrühren, über die Teigwaren giessen. Käse darüberstreuen.
4. **Gratinieren:** ca. 35 Min. in der Mitte des auf 200 Grad vorgeheizten Ofens.

Portion: 510 kcal, F 20 g, Kh 60 g, E 23 g

Lunch-Tipp

Am Vortag zubereiten, zugedeckt kühl stellen. Vor dem Servieren heiss werden lassen oder heiss in einer Thermo-Lunchbox mitnehmen.

GEMÜSETÄTSCHLI MIT DIP

Vor- und zubereiten: ca. 30 Min.
Ergibt 8 Stück

2 Eier
2 EL geriebener Sbrinz
1 EL Mehl
300 g mehlig kochende Kartoffeln
300 g Rüebli
100 g Petersilienwurzeln
1 TL Salz
wenig Pfeffer

2 EL Olivenöl

180 g Joghurt nature
1 Bund glattblättrige Petersilie, grob geschnitten
¼ TL Salz

1. Ofen auf 60 Grad vorheizen, Platte und Teller vorwärmen.
2. Eier, Käse und Mehl in einer Schüssel verklopfen. Kartoffeln, Rüebli und Petersilienwurzeln an der Röstiraffel dazureiben, würzen.
3. 1 EL Öl in einer beschichteten Bratpfanne heiss werden lassen. Hitze reduzieren, 4 Portionen von je ca. 2 Esslöffel Gemüsemasse in die Pfanne geben, zu Tätschli formen, beidseitig je ca. 5 Min. goldbraun backen, warm stellen. Restliche Tätschli gleich zubereiten.
4. Joghurt mit der Petersilie mit dem Mixstab aufschäumen, salzen, zu den Tätschli servieren.

Tipps: Statt Petersilienwurzeln Rüebli, statt Petersilie Bärlauch verwenden.

Portion: 459 kcal, F 24 g, Kh 39 g, E 18 g

SPAGHETTI MIT KÜRBIS

Vor- und zubereiten: ca. 20 Min.
Backen: ca. 20 Min.

500 g Kürbis (z. B. Butternut), in ca. 1 cm grossen Würfeln
1 EL Olivenöl
1 TL Fleur de Sel
wenig Pfeffer
2 EL Kürbiskerne, grob gehackt
1 EL Thymianblättchen

120 g Spaghetti
Salzwasser, siedend
100 g Mozzarella, zerzupft
Salz, Pfeffer, nach Bedarf

1. Kürbis, Öl, Fleur de Sel und Pfeffer in einer Schüssel mischen, auf einem mit Backpapier belegten Blech verteilen. Kürbiskerne und Thymian darüberstreuen.
2. **Backen:** ca. 20 Min. in der Mitte des auf 200 Grad vorgeheizten Ofens. Kürbis herausnehmen.
3. Spaghetti im Salzwasser al dente kochen, ca. 1 dl Kochwasser beiseite stellen. Teigwaren abtropfen, zurück in die Pfanne geben. Kürbis und das beiseite gestellte Kochwasser daruntermischen, Mozzarella beigeben, heiss werden lassen, würzen.

Portion: 493 kcal, F 19 g, Kh 53 g, E 21 g

KÜRBIS-PICCATA MIT SPAGHETTI

Vor- und zubereiten: ca. 50 Min.

---

1 TL Olivenöl
1 Zwiebel, fein gehackt
1 Knoblauchzehe, gepresst
1 EL Tomatenpüree
1 Dose Tomaten (ca. 400 g)
1 Tomate, in Stücken
1 Zweiglein Majoran
2 Prisen Zucker
¾ TL Salz
wenig Pfeffer

---

2 EL Mehl
2 Eier
40 g geriebener Parmesan
wenig Pfeffer

---

1 EL Olivenöl zum Braten
300 g Kürbis (z. B. Butternut), in ca. 5 mm dicken Scheiben

---

100 g Spaghetti
Salzwasser, siedend

---

1. Öl in einer Pfanne warm werden lassen. Zwiebel und Knoblauch andämpfen, Tomatenpüree kurz mitdämpfen. Tomaten und Majoran beigeben, aufkochen, würzen. Hitze reduzieren, zugedeckt unter gelegentlichem Rühren ca. 30 Min. köcheln, Majoran entfernen.
2. Ofen auf 60 Grad vorheizen, Platte und Teller vorwärmen.
3. Mehl in einen flachen Teller geben. Eier mit dem Käse in einem tiefen Teller verklopfen, würzen.
4. Wenig Öl in einer beschichteten Bratpfanne heiss werden lassen, Hitze reduzieren. Kürbisscheiben portionenweise im Mehl wenden, überschüssiges Mehl abschütteln. In der Ei-Käse-Masse wenden, beidseitig je ca. 4 Min. braten, warm stellen.
5. Spaghetti im Salzwasser al dente kochen, abtropfen, mit Piccata und Tomatensauce anrichten.

Tipp: Statt Kürbis Sellerie verwenden.

Portion: 521 kcal, F 21 g, Kh 59 g, E 25 g

POULETGESCHNETZELTES MIT PILZEN

Vor- und zubereiten: ca. 30 Min.

½ EL Olivenöl
200 g geschnetzeltes Pouletfleisch
¼ TL Salz
wenig Pfeffer

½ EL Olivenöl
1 Zwiebel, fein gehackt
250 g Champignons, in Scheibchen
150 g Shiitake, in Scheibchen
1 TL Mehl
¼ TL Salz

2 EL Weisswein
1½ dl Fleischbouillon
½ dl Saucen-Halbrahm
2 EL Schnittlauch, fein geschnitten
Salz, Pfeffer, nach Bedarf

120 g Teigwaren (z. B. Tagliatelle)
Salzwasser, siedend

1. Öl in einer beschichteten Bratpfanne heiss werden lassen. Poulet ca. 4 Min. braten, herausnehmen, würzen.
2. Öl in derselben Pfanne heiss werden lassen. Zwiebel und Pilze ca. 5 Min. anbraten, Mehl darüberstäuben, salzen.
3. Wein beigeben, vollständig einkochen. Bouillon und Rahm dazugiessen, aufkochen, bei kleiner Hitze ca. 5 Min. köcheln. Poulet wieder beigeben, nur noch heiss werden lassen, Schnittlauch daruntermischen, würzen.
4. Teigwaren im Salzwasser al dente kochen, abtropfen, mit dem Geschnetzelten anrichten.

   Tipp: Statt Teigwaren Reis verwenden.

Portion: 509 kcal, F 16 g, Kh 52 g, E 37 g

Lunch-Tipp

Am Vortag zubereiten, zugedeckt kühl stellen. Vor dem Servieren heiss werden lassen oder heiss in einer Thermo-Lunchbox mitnehmen.

FORELLENFILETS AUF RÜEBLIREIS

Vor- und zubereiten: ca. 30 Min.

½ EL **Rapsöl**

400 g **Rüebli,** schräg in ca. 5 mm dicken Scheiben

1 **Stängel Zitronengras,** Inneres fein gehackt

100 g **Basmatireis**

3½ dl **Gemüsebouillon**

240 g **Lachsforellenfilets mit Haut** (Bio), entgrätet, in Stücken

½ TL **Salz**

wenig **Pfeffer**

1 **Bio-Zitrone,** nur wenig abgeriebene Schale und ½ EL Saft

2 EL **saurer Halbrahm**

1. Öl in einer beschichteten Bratpfanne warm werden lassen. Rüebli und Zitronengras ca. 2 Min. andämpfen.
2. Reis im Sieb unter fliessendem kaltem Wasser so lange spülen, bis dieses klar ist, gut abtropfen, in dieselbe Pfanne geben. Bouillon dazugiessen, aufkochen, zugedeckt bei mittlerer Hitze ca. 10 Min. kochen.
3. Fisch würzen, auf den Reis legen, Zitronenschale und -saft darauf verteilen, zugedeckt bei mittlerer Hitze ca. 5 Min. dämpfen. Sauren Halbrahm dazu servieren.

Portion: 481 kcal, F 17 g, Kh 51 g, E 30 g

RHABARBERAUFLAUF

Vor- und zubereiten: ca. 15 Min.
Backen: ca. 25 Min.
Für eine ofenfeste Form von ca. 1 Liter

300 g Rhabarber, in Scheibchen
3 EL Zucker
120 g Weissbrot (z. B. Tessiner), in ca. 1 cm dicken Scheiben
10 g Butter, weich

180 g Dessert Extrafin (Sauermilch)
1 Ei
1 EL Zucker
1 Prise Salz
2 EL Mandelstifte

wenig Puderzucker

1. Rhabarber und Zucker in der Form mischen. Brot mit Butter bestreichen, in Würfel schneiden, auf dem Rhabarber verteilen.
2. Sauermilch, Ei, Zucker und Salz gut verrühren, über den Auflauf giessen. Mandelstifte darüberstreuen.
3. **Backen:** ca. 25 Min. in der Mitte des auf 180 Grad vorgeheizten Ofens. Auflauf herausnehmen, mit Puderzucker bestäuben.

Ergänzen mit: Blattsalat als Vorspeise.

Tipp: Statt Rhabarber Brombeeren, Aprikosen oder Äpfel verwenden.

Portion: 509 kcal, F 25 g, Kh 57 g, E 14 g

Abnehmen mit einem süssen Znacht?

Auch das ist möglich. Denn beim Abnehmen sind nur Verbote verboten. Wer Lust hat, sich auch einmal eine süsse Mahlzeit zu gönnen, kann dies mit unseren Rezepten mit gutem Gewissen tun. Tipp: Ein grosser Blattsalat als Vorspeise versorgt zusätzlich mit Vitalstoffen und hilft, den Magen zu füllen. Wer Rohkost nicht so gut verträgt, serviert als Vorspeise eine Bouillon mit Gemüsestreifen.

CHRIESI-STRUDEL

Vor- und zubereiten: ca. 15 Min.
Backen: ca. 20 Min.

350 g	**Kirschen,** entsteint, halbiert
1 EL	**gemahlene Mandeln**
1 EL	**Maizena**
1 EL	**Zucker**
1 Päckli	**Strudelteig** (ca. 120 g)
10 g	**Butter,** flüssig
1 EL	**Wasser**
wenig	**Puderzucker**
180 g	**Joghurt nature**
2 TL	**Puderzucker**
einige	**Tropfen Bittermandelaroma** (Dr. Oetker)

1. Kirschen, Mandeln, Maizena und Zucker mischen.
2. Teigblätter sorgfältig auseinanderfalten. Butter und Wasser verrühren, jedes Blatt mit wenig Butterwasser bestreichen. Alle Blätter aufeinander auf ein Tuch legen. Kirschen auf dem unteren Drittel des Teigs verteilen, dabei seitlich einen Rand von ca. 3 cm frei lassen. Seitliche Ränder einschlagen, Tuch anheben, Strudel locker aufrollen. Mit dem Verschluss nach unten auf ein mit Backpapier belegtes Blech legen. Strudel mit dem restlichen Butterwasser bestreichen.
3. **Backen:** ca. 20 Min. in der Mitte des auf 200 Grad vorgeheizten Ofens. Strudel herausnehmen, auf einem Gitter etwas abkühlen, mit Puderzucker bestäuben.
4. Joghurt, Puderzucker und Bittermandelaroma verrühren, zum lauwarmen Strudel servieren.

Ergänzen mit: Blattsalat als Vorspeise.

Tipp: Statt Kirschen Aprikosen, geviertelt, Birnen oder Äpfel, in Scheibchen, verwenden.

Portion: 496 kcal, F 15 g, Kh 79 g, E 12 g

VOGELHEU MIT APRIKOSEN

Vor- und zubereiten: ca. 20 Min.

300 g	**Aprikosen,** entsteint, in Vierteln
1 Päckli	**Vanillezucker**
1 EL	**Raps- oder Baumnussöl**
100 g	**Baguette,** in ca. 1 cm dicken Scheiben, halbiert
6	**Baumnusskerne** (ca. 15 g), grob gehackt
½ dl	**Milch**
½ dl	**Halbrahm**
3	**frische Eier**
1 Päckli	**Vanillezucker**
½ TL	**Zimt**

1. Aprikosen und Vanillezucker mischen.
2. Öl in einer beschichteten Bratpfanne warm werden lassen. Brot und Nüsse ca. 5 Min. goldbraun rösten, Aprikosen daruntermischen.
3. Milch und alle restlichen Zutaten verrühren, in die Pfanne giessen. Hitze reduzieren, unter Hin-und-her-Bewegen mit der Bratschaufel ca. 5 Min. backen, bis die Eimasse gestockt ist.

Ergänzen mit: Blattsalat als Vorspeise.

Tipp: Statt Aprikosen Zwetschgen, Pfirsiche oder Birnen, in Schnitzen, verwenden.

Portion: 510 kcal, F 28 g, Kh 52 g, E 18 g

MIRABELLEN-CLAFOUTIS

Vor- und zubereiten: ca. 20 Min.
Backen: ca. 20 Min.
Für 2 ofenfeste Formen oder Suppenteller von je ca. 3 dl

100 g	**Halbweissbrot,** in Stücken
1	**Ei**
2	**Eigelbe**
3 EL	**Puderzucker**
1 EL	**heisses Wasser**
180 g	**Dessert Extrafin** (Sauermilch)
½ EL	**Maizena**
2	**Eiweisse**
1 Prise	**Salz**
300 g	**Mirabellen,** halbiert, entsteint
wenig	**Puderzucker**

1. Brot in einer beschichteten Bratpfanne ohne Fett rösten, in die Formen geben.
2. Ei, Eigelbe, Puderzucker und Wasser mit den Schwingbesen des Handrührgeräts ca. 5 Min. rühren, bis die Masse schaumig ist. Die Hälfte der Sauermilch und das Maizena gut verrühren, unter die Eimasse rühren.
3. Eiweisse mit dem Salz steif schlagen, mit dem Gummischaber sorgfältig unter die Masse ziehen, auf den Brotstücken verteilen, Mirabellen daraufgeben.
4. **Backen:** ca. 20 Min. in der unteren Hälfte des auf 200 Grad vorgeheizten Ofens. Clafoutis herausnehmen, mit Puderzucker bestäuben. Restliche Sauermilch dazu servieren.

Ergänzen mit: Blattsalat als Vorspeise.

Tipp: Statt Mirabellen Kirschen, Zwetschgen oder Trauben verwenden.

Portion: 494 kcal, F 19 g, Kh 63 g, E 17 g

APFELWÄHE

Vor- und zubereiten: ca. 15 Min.
Backen: ca. 30 Min.
Für 1 Backblech-Duo «légère»

120 g Halbweissmehl
½ TL Zimt
1 Prise Salz
125 g Halbfettquark
½ EL Wasser
½ EL Weissweinessig
2 EL gemahlene Mandeln

125 g Halbfettquark
1 Ei
1 EL Zucker
½ TL Zimt
300 g Äpfel

1. **Kuchenteig:** Mehl, Zimt und Salz in einer Schüssel mischen. Quark, Wasser und Essig beigeben, rasch zu einem glatten Teig zusammenfügen, nicht kneten. Teig auf wenig Mehl etwas grösser als das Blech auswallen, in die Form legen. Boden mit einer Gabel dicht einstechen, Mandeln darauf verteilen.
2. Quark, Ei, Zucker und Zimt verrühren. Äpfel an der Röstiraffel dazureiben, mischen, auf dem Teigboden verteilen.
3. **Backen:** ca. 30 Min. auf der untersten Rille des auf 220 Grad vorgeheizten Ofens. Wähe herausnehmen, auf einem Gitter etwas abkühlen, aus der Form nehmen.

Ergänzen mit: Blattsalat als Vorspeise.

Tipps

> Statt Äpfel Birnen verwenden.

> Wähe in einem Backblech von ca. 24 cm Ø, mit Backpapier belegt, zubereiten.

Portion: 509 kcal, F 16 g, Kh 68 g, E 25 g

verwöhnmomente

RUNDUM GUT VERSORGT:

EIWEISS

Eiweiss kommt vor allem in tierischen Produkten wie Fleisch, Fisch, Eiern, Milch und Milchprodukten, aber auch in pflanzlichen Lebensmitteln wie Tofu, Hülsenfrüchten, Getreide, Kartoffeln und Nüssen vor. Die Grundbausteine von Eiweiss sind 20 Aminosäuren. Das Muster dieser Aminosäuren bestimmt die biologische Wertigkeit des Eiweisses eines Lebensmittels.

EIWEISS IST WICHTIG

Wir benötigen Eiweiss zum Aufbau von Muskelmasse und für die Bildung von Hormonen und Enzymen. Da der Körper ständig Eiweisse auf- und abbaut, sind wir auf eine regelmässige, bedarfsdeckende Zufuhr angewiesen. Zudem vermitteln Eiweisse ein Gefühl der Sättigung, und zwar wesentlich stärker als Kohlenhydrate oder Fette; Eiweiss verhindert Heisshungerattacken. Zudem bremst eiweissreiche Kost beim Abnehmen den Muskelabbau – vor allem, wenn man gleichzeitig Sport treibt. Zu jeder Mahlzeit sollte somit eine Portion Eiweiss eingeplant werden.

EIWEISSE RICHTIG KOMBINIEREN

Neun Aminosäuren gelten als essenziell (unentbehrlich), da der Körper sie nicht selbst bilden kann und somit auf die Zufuhr durch die Nahrung angewiesen ist. Diese essenziellen Aminosäuren kommen vor allem in tierischen Eiweisslieferanten vor und kommen dem körpereigenen Eiweiss näher als pflanzliches; es erfüllt dadurch seine Aufgaben besser. Durch die Kombination beider Gruppen (z. B. Getreide mit Fleisch, Kartoffeln mit Ei) lässt sich die Eiweisswertigkeit steigern.

TIERISCHES VERSUS PFLANZLICHES EIWEISS

Während tierisches Eiweiss meist auch gesättigte Fettsäuren, Purine, Harnstoffe und Cholesterin enthält, senken pflanzliche Eiweisse (z. B. aus Hülsenfrüchten oder Kartoffeln) das Risiko einer übermässigen Zufuhr an Fetten, Purinen und Cholesterin und liefern parallel dazu wertvolle Kohlenhydrate und Nahrungsfasern. Allerdings haben pflanzliche Eiweisse meist eine geringere biologische Wertigkeit, das heisst, der Körper benötigt zum Aufbau von Muskeleiweiss eine grössere Menge bzw. fehlende, zu ergänzende Aminosäuren aus weiteren Eiweissquellen (z. B. Eier, Käse).

EIWEISS – ZU VIEL SCHADET

Auch wenn eiweissreiches Essen beim Abnehmen hilft, sollte man es nicht übertreiben, denn zu viel Eiweiss, über längere Zeit konsumiert, kann die Nieren belasten. Gesund abnehmen ist ein Langzeitprojekt. Deshalb sollte man alle Nährstoffe (Eiweiss, Fett und Kohlenhydrate) weder in extrem grosser noch extrem geringer Menge essen.

GUT VERSORGT AUCH ALS VEGI

Ovo-Lacto-Vegetarier, diejenigen also, die auf Fleisch verzichten, aber Milchprodukte und Eier zu sich nehmen, bekommen bei einer ausgewogenen und abwechslungsreichen Ernährung alle Nährstoffe, die sie brauchen. Gute Eiweisskombinationen, um die biologische Wertigkeit aufzubessern, sind: Getreide und Milchprodukte (Brot und Käse, Milchreis, Teigwaren mit Käse), Kartoffeln und Milchprodukte (Gschwellti mit Käse, Kartoffelgratin).
Hülsenfrüchte kombiniert man am besten mit Getreide (Linsen-Reis-Eintopf, Falafel mit Pittabrot) oder mit Milchprodukten (Erbsensuppe mit Käse).
Hinweis: Veganer, die sich rein pflanzlich ernähren und auf Eier und Milchprodukte verzichten, müssen in Sachen Ernährung umfassend informiert sein, um keine Mangelerscheinungen zu bekommen.

WOHLFÜHL-TIPP

Wenn 70 kg und 70 kg nicht dasselbe sind: Durch genügend Bewegung wird Muskelmasse auf- und Fettmasse abgebaut. Ein Kilogramm Fett ist dreimal so voluminös wie ein Kilogramm Muskeln. Wer also weniger isst und gleichzeitig mehr Sport treibt, sieht das Resultat der veränderten Lebensweise vielleicht gar nicht auf der Waage, kann aber den Gürtel trotzdem spürbar enger schnallen!

WOHLFÜHL-TIPP

Kalzium aus Milch oder Milchprodukten wie Käse, Joghurt oder Buttermilch kann das Abnehmen unterstützen. Laktosefreie Milch, Ziegenmilch und Schafmilch enthalten gleich viel Kalzium wie Kuhmilch.

RINDSMEDAILLONS IM WIRZPÄCKLI

Vor- und zubereiten: ca. 50 Min.
Ergibt 2 Stück

1	**Wirz** (ca. 400 g), 4 grosse Blätter abgelöst, Rest in feinen Streifen
	Wasser, siedend
1 EL	**Olivenöl**
2	**Rindsmedaillons** (je ca. 140 g)
¼ TL	**Salz**
wenig	**Pfeffer**
½ EL	**Olivenöl**
1	**Schalotte,** fein gehackt
10 g	**getrocknete Morcheln,** eingeweicht, halbiert, gut gewaschen, abgetropft
¼ TL	**Salz**
wenig	**Pfeffer**
3 EL	**Wasser**
½ EL	**Olivenöl**
400 g	**fest kochende Kartoffeln,** in ca. 1½ cm grossen Würfeln
100 g	**Rüebli,** in Stücken
2½ dl	**Fleischbouillon**
½ dl	**Halbrahm**
2 cm	**Meerrettich,** fein gerieben

1. Die ganzen Wirzblätter ca. 2 Min. blanchieren, herausnehmen, kurz in kaltes Wasser legen, abtropfen. Blattrippen flach schneiden, Wirzblätter auf einem Tuch auslegen.
2. Öl in einer beschichteten Bratpfanne heiss werden lassen. Medaillons beidseitig je ca. 2 Min. anbraten, herausnehmen, würzen.
3. Öl in derselben Pfanne warm werden lassen. Schalotte, Morcheln und Wirzstreifen ca. 2 Min. andämpfen, würzen. Wasser beigeben, ca. 3 Min. weiterdämpfen, etwas abkühlen. Die Hälfte der Füllung auf zwei Wirzblättern verteilen. Medaillons darauflegen, restliche Füllung darauf verteilen. Je ein Wirzblatt darauflegen, zu Päckli formen, mit Küchenschnur binden.
4. Öl in derselben Pfanne warm werden lassen. Kartoffeln und Rüebli ca. 2 Min. andämpfen. Bouillon und Rahm dazugiessen, zugedeckt ca. 10 Min. köcheln. Wirzpäckli auf das Gemüse legen, zugedeckt ca. 8 Min. fertig köcheln, Päckli dabei einmal wenden, herausnehmen. Gemüse auf Teller verteilen, Meerrettich darüberstreuen, Wirzpäckli halbieren, auf dem Gemüse anrichten.

Portion: 528 kcal, F 23 g, Kh 36 g, E 41 g

SCHWEINSSTEAK MIT CIMA DI RAPA

Vor- und zubereiten: ca. 1 Std.

400 g	**mehlig kochende Kartoffeln,** in Stücken
	Salzwasser, siedend
1½ dl	**Milch**
wenig	**Muskat**
	Salz, Pfeffer, nach Bedarf
1 EL	**Olivenöl**
1	**Schweinssteak** (z. B. Nierstück, ca. 240 g)
½ TL	**Salz**
wenig	**Pfeffer**
400 g	**Cima di rapa,** zähe Blätter entfernt
1 EL	**Olivenöl**
1	**Zwiebel,** fein gehackt
2 dl	**Gemüsebouillon**
1 TL	**Maizena**
2 EL	**Wasser**
1 EL	**Ahornsirup**
1 EL	**grobkörniger Senf**
	Salz, Pfeffer, nach Bedarf

1. Ofen auf 60 Grad vorheizen, Platte und Teller vorwärmen.
2. Kartoffeln offen im Salzwasser ca. 20 Min. weich kochen, sehr gut abtropfen. Milch in derselben Pfanne heiss werden lassen, Pfanne von der Platte nehmen. Kartoffeln durchs Passe-vite in die Milch treiben, würzen, mit einer Kelle luftig rühren, zugedeckt warm stellen.
3. Öl in einer beschichteten Bratpfanne heiss werden lassen. Steak beidseitig je ca. 1 Min. anbraten, Hitze reduzieren, beidseitig je ca. 2 Min. fertig braten, würzen, warm stellen.
4. Stängel der Cima di rapa in ca. 2 cm lange Stücke, Blätter in ca. 1 cm breite Streifen schneiden, geschlossene Knospen evtl. halbieren. Öl in derselben Pfanne warm werden lassen.Zwiebel andämpfen, Cima di rapa ca. 2 Min. mitdämpfen. Bouillon dazugiessen, Maizena mit Wasser anrühren, unter Rühren beigeben, ca. 8 Min. köcheln. Pfanne von der Platte nehmen. Ahornsirup und Senf daruntermischen, würzen.
5. Steak schräg zur Faser in Tranchen schneiden, mit dem Kartoffelstock und der Cima di rapa anrichten.

Tipp: Statt Cima di rapa Krautstiel, Catalogna oder Spinat verwenden.

Portion: 546 kcal, F 22 g, Kh 48 g, E 40 g

DORADE IN DER SALZKRUSTE MIT SABAYON

Vor- und zubereiten: ca. 20 Min.
Backen: ca. 35 Min.

400 g kleine rohe Randen mit der Schale
Wasser, siedend

1½ kg grobkörniges Meersalz
3 frische Eiweisse, verklopft
1 Goldbrasse mit den Schuppen (Dorade royale, ca. 500 g, Bio), ausgenommen
1 Bio-Orange, in Scheiben
3 Zweiglein Thymian
400 g Kartoffeln mit der Schale (z. B. Blaue St. Galler oder Baby-Kartoffeln)

3 frische Eigelbe
1 EL Zucker
1 Bio-Orange, ½ abgeriebene Schale und 4 EL Saft
1 EL Thymianblättchen

1. Randen im siedenden Wasser ca. 5 Min. kochen, abtropfen.
2. Salz mit den Eiweissen mischen, davon 4 Esslöffel in der Mitte eines mit Backpapier belegten Blechs verteilen. Fisch innen und aussen kalt abspülen, trocken tupfen, mit Orangenscheiben und Thymian füllen, auf das Salz legen. Kartoffeln auf dem Blech verteilen, Randen halbieren, mit der Schnittfläche nach unten direkt auf das Blech setzen, alles mit der restlichen Salzmasse einpacken, etwas andrücken.
3. **Backen:** ca. 35 Min. in der unteren Hälfte des auf 220 Grad vorgeheizten Ofens.
4. Eigelbe, Zucker, Orangenschale und -saft in einer dünnwandigen Schüssel verrühren, Schüssel über das nur leicht siedende Wasserbad hängen, sie darf das Wasser nicht berühren. Masse mit den Schwingbesen des Handrührgeräts ca. 5 Min. rühren, bis das Sabayon schaumig ist und sich Rührspuren abzeichnen. Schüssel herausnehmen, Thymian darunterrühren.
5. Die Salzkruste mit einem Esslöffel aufbrechen und abheben. Lose Salzkörner mit einem Pinsel vom Fisch, von den Kartoffeln und den Randen entfernen. Fisch filetieren, mit Kartoffeln und Randen anrichten, Sabayon dazu servieren.

Ergänzen mit: Blattsalat als Vorspeise.

Portion: 543 kcal, F 17 g, Kh 58 g, E 39 g

LAMMRACK MIT BARBA DI FRATE

Vor- und zubereiten: ca. 40 Min.
Niedergaren: ca. 1 Std.

1	**Lammrack** (ca. 250 g)
1 EL	**Olivenöl**
½ TL	**Salz**
wenig	**Pfeffer**
400 g	**mehlig kochende Kartoffeln,** in Stücken
200 g	**Rüebli,** in Stücken
	Salzwasser, siedend
wenig	**Muskat**
wenig	**Pfeffer**
1 EL	**Olivenöl**
1	**Knoblauchzehe,** in Scheibchen
300 g	**Barba di frate** (siehe Hinweis), grobe und braune Enden entfernt, in ca. 5 cm langen Stücken
1 EL	**Zitronensaft**
¼ TL	**Salz**
wenig	**Pfeffer**

1. Fleisch ca. 30 Min. vor dem Anbraten aus dem Kühlschrank nehmen. Ofen auf 80 Grad vorheizen. Platte und Teller vorwärmen.
2. Öl in einer Bratpfanne heiss werden lassen. Fleisch bei mittlerer Hitze rundum ca. 5 Min. anbraten, herausnehmen, würzen, auf die vorgewärmte Platte legen. Fleischthermometer an der dicksten Stelle einstecken.
3. **Niedergaren:** ca. 1 Std. in der Mitte des Ofens. Die Kerntemperatur soll ca. 55 Grad betragen. Das Fleisch kann anschliessend bei 60 Grad bis zu 1 Std. warm gehalten werden.
4. Kartoffeln und Rüebli offen im Salzwasser ca. 20 Min. weich kochen, ca. 1 dl Kochflüssigkeit beiseite stellen. Gemüse abtropfen, zurück in die Pfanne geben, mit dem Kartoffelstampfer oder einer Gabel zerdrücken, evtl. wenig Kochflüssigkeit beigeben, würzen.
5. Öl in einer Pfanne warm werden lassen. Knoblauch und Barba di frate ca. 2 Min. dämpfen, Zitronensaft beigeben, würzen.
6. Lammrack tranchieren, mit dem Rüebli-Kartoffelstampf und der Barba di frate auf den vorgewärmten Tellern anrichten.

Hinweis: Barba di frate oder Mönchsbart ist leicht säuerlich im Geschmack und lässt sich roh oder gekocht verwenden. Erhältlich von März bis Mai auf Gemüsemärkten oder in italienischen Spezialitätenläden. Ersatz: Jungspinat.

Portion: 470 kcal, F 21 g, Kh 40 g, E 30 g

KRÄUTERSAIBLING AUS DEM OFEN

Vor- und zubereiten: ca. 20 Min.
Backen: ca. 33 Min.

---

500 g weisse Spargeln, geschält, längs halbiert, in ca. 5 cm langen Stücken
300 g Frühkartoffeln, in Schnitzen
1 EL Olivenöl
1 TL Salz
wenig Pfeffer

---

2 Saiblingfilets mit Haut (je ca. 150 g), entgrätet
2 EL Kerbel, fein geschnitten
2 EL Petersilie, fein geschnitten
2 EL Pinienkerne, grob gehackt
1 Knoblauchzehe, gepresst
1 Bio-Zitrone, abgeriebene Schale und 1 EL Saft
1 EL Olivenöl
½ TL Salz
wenig Pfeffer

---

1. Spargeln und alle Zutaten bis und mit Pfeffer in einer Schüssel mischen, auf einem mit Backpapier belegten Blech verteilen.
2. **Backen:** ca. 25 Min. in der Mitte des auf 200 Grad vorgeheizten Ofens. Blech herausnehmen.
3. Fischfilets mit der Hautseite nach unten auf das Gemüse legen. Kerbel und alle restlichen Zutaten mischen, auf dem Fisch und dem Gemüse verteilen.
4. **Fertig backen:** ca. 8 Minuten.

   Ergänzen mit: Blattsalat als Vorspeise.

Portion: 484 kcal, F 20 g, Kh 32 g, E 39 g

BROTSALAT MIT RINDSHUFT

Vor- und zubereiten: ca. 30 Min.

1 EL Olivenöl
240 g Rindshuft, in ca. 2 cm grossen Würfeln
¼ TL Salz
wenig Pfeffer

140 g Ruchbrot, in ca. 1 cm grossen Würfeln
250 g Cherry-Tomaten, halbiert
½ Gurke (ca. 200 g), in ca. 1 cm grossen Würfeln
½ TL Salz
wenig Pfeffer

1 EL Senf
2 EL Aceto balsamico
1 EL Olivenöl
2 EL Wasser
1 Schalotte, fein gehackt
2 EL Kapern, abgetropft
2 EL Basilikum, fein geschnitten
2 EL glattblättrige Petersilie, fein geschnitten
100 g Mini-Lattich, in Stücken

1. Öl in einer Bratpfanne heiss werden lassen. Fleisch ca. 1 Min. rührbraten, herausnehmen, würzen.
2. Brotwürfel in derselben Pfanne ca. 5 Min. rösten. Tomaten und Gurke mit dem Fleisch beigeben, würzen, Pfanne von der Platte nehmen.
3. Senf und alle Zutaten bis und mit Petersilie verrühren. Brot, Gemüse und Fleisch beigeben, mischen, mit dem Lattich anrichten.

Portion: 468 kcal, F 17 g, Kh 43 g, E 36 g

POULETBRÜSTLI AUF BASILIKUMTOMATEN

Vor- und zubereiten: ca. 20 Min.

1 EL	**Olivenöl**
2	**Pouletbrüstli** (je ca. 140 g)
½ TL	**Fleur de Sel**
wenig	**Pfeffer**
1 EL	**Olivenöl**
1	**rote Zwiebel,** in Ringen
400 g	**grosse Fleischtomaten** (z. B. Ochsenherz), in ca. 5 mm dicken Scheiben
¼ TL	**Fleur de Sel**
wenig	**Pfeffer**
4 EL	**Basilikum,** fein geschnitten
1	**Bio-Zitrone,** nur ½ abgeriebene Schale
150 g	**Weissbrot** (z. B. Tessiner)

1. Öl in einer beschichteten Bratpfanne heiss werden lassen. Pouletbrüstli beidseitig je ca. 1 Min. anbraten, Hitze reduzieren, beidseitig je ca. 3 Min. fertig braten, herausnehmen, würzen.
2. Öl in derselben Pfanne warm werden lassen. Zwiebel kurz andämpfen, Tomaten darauflegen, ca. 2 Min. mitdämpfen, auf Teller verteilen, würzen.
3. Pouletbrüstli tranchieren, auf den Tomaten anrichten. Basilikum und Zitronenschale mischen, darüberstreuen, Brot dazu servieren.

Portion: 498 kcal, F 15 g, Kh 49 g, E 41 g

KALBSKOTELETT MIT GURKEN-COUSCOUS

Vor- und zubereiten: ca. 30 Min.

1½ dl Wasser
½ TL Salz
wenig Pfeffer
1 Gurke, geschält, längs geviertelt, entkernt, in ca. 5 mm dicken Scheiben (ergibt ca. 300 g)
100 g Couscous
2 EL Dill, fein geschnitten
½ EL Ingwer, fein gerieben

1 EL Olivenöl
1 Kalbskotelett (ca. 250 g)
¼ TL Salz
wenig Pfeffer

180 g Joghurt nature
2 EL Dill, fein geschnitten
Salz, Pfeffer, nach Bedarf

1. Wasser aufkochen, würzen. Gurken beigeben, Pfanne von der Platte nehmen. Couscous beigeben, zugedeckt ca. 5 Min. quellen lassen. Dill und Ingwer daruntermischen.
2. Öl in einer Bratpfanne heiss werden lassen. Kotelett beidseitig je ca. 1 Min. anbraten, Hitze reduzieren, beidseitig je ca. 3 Min. fertig braten, herausnehmen, würzen.
3. Joghurt und Dill verrühren, würzen. Kotelett tranchieren, mit dem Gurken-Couscous und dem Dill-Joghurt anrichten.

Ergänzen mit: Blattsalat als Vorspeise.

Portion: 489 kcal, F 19 g, Kh 45 g, E 34 g

RINDSVORESSEN MIT PEPERONI

Vor- und zubereiten: ca. 35 Min.
Schmoren: ca. 70 Min.

---

1 EL Olivenöl
300 g Rindsvoressen, Fett entfernt
1 EL Mehl
1 EL Edelsüss-Paprika
¼ TL Salz

---

1 EL Olivenöl
1 Zwiebel, in feinen Streifen
1 Knoblauchzehe, gepresst
1 EL Tomatenpüree
1 dl Rotwein
3 dl Fleischbouillon

---

3 rote Peperoni (ca. 600 g), in Vierteln
Salz, Pfeffer, nach Bedarf

---

400 g mehlig kochende Kartoffeln, in Stücken
Salzwasser, siedend
wenig Muskat
Salz, Pfeffer, nach Bedarf

---

1. Öl im Brattopf heiss werden lassen. Fleisch im Mehl wenden, ca. 3 Min. anbraten, herausnehmen, würzen. Hitze reduzieren.
2. Öl in derselben Pfanne warm werden lassen. Zwiebel und Knoblauch andämpfen, Tomatenpüree kurz mitdämpfen. Wein dazugiessen, vollständig einkochen. Bouillon dazugiessen, aufkochen, Fleisch wieder beigeben, Hitze reduzieren, zugedeckt bei kleiner Hitze ca. 40 Min. schmoren.
3. Peperoni beigeben, zugedeckt unter gelegentlichem Rühren ca. 30 Min. fertig schmoren, würzen.
4. Kartoffeln offen im Salzwasser ca. 20 Min. weich kochen, abtropfen, zurück in die Pfanne geben, mit dem Kartoffelstampfer oder einer Gabel zerdrücken, würzen, mit dem Voressen anrichten.

Ergänzen mit: Blattsalat als Vorspeise.

Tipp: Statt mit Kartoffelstampf mit Salzkartoffeln servieren.

Portion: 491 kcal, F 15 g, Kh 45 g, E 39 g

LAMMNIERSTÜCK IM KRÄUTERMANTEL

Vor- und zubereiten: ca. 35 Min.
Backen: ca. 30 Min.

400 g	**fest kochende Kartoffeln,** halbiert
½ EL	**Olivenöl**
¼ TL	**Salz**
½ EL	**Olivenöl**
200 g	**Romanesco,** in Röschen
200 g	**Stangensellerie mit dem Grün,** in Scheibchen, wenig Kraut, fein geschnitten, beiseite gestellt
1 dl	**Gemüsebouillon**
250 g	**Cherry-Tomaten,** halbiert
	Salz, Pfeffer nach Bedarf
1 EL	**Olivenöl**
1	**Lammnierstück** (ca. 240 g)
½ TL	**Salz**
wenig	**Pfeffer**
2 EL	**geriebener Sbrinz**
1 EL	**Sonnenblumenkerne**
2 EL	**glattblättrige Petersilie,** fein geschnitten
1 EL	**Pfefferminze,** fein geschnitten

1. Kartoffeln auf ein mit Backpapier belegtes Blech legen, mit Öl bestreichen.
2. **Backen:** ca. 30 Min. in der Mitte des auf 200 Grad vorgeheizten Ofens, Kartoffeln salzen.
3. Öl in einer Pfanne warm werden lassen. Romanesco und Stangensellerie ca. 2 Min. andämpfen, Bouillon dazugiessen, zugedeckt ca. 10 Min. knapp weich köcheln. Tomaten beigeben, heiss werden lassen. Stangenselleriegrün daruntermischen, würzen.
4. Öl in einer Bratpfanne heiss werden lassen. Fleisch beidseitig je ca. 1 Min. anbraten, Hitze reduzieren, beidseitig je ca. 2 Min. fertig braten, herausnehmen, würzen, zugedeckt ca. 5 Min. ruhen lassen.
5. Sbrinz und alle restlichen Zutaten mischen. Käsemischung auf dem Fleisch verteilen, tranchieren, mit den Kartoffeln und dem Gemüse anrichten.

Portion: 502 kcal, F 23 g, Kh 33 g, E 37 g

PARTYFILET MIT KEFEN-ZWIEBEL-GEMÜSE

Vor- und zubereiten: ca. 30 Min.

80 g	**Teigwaren** (z. B. Tagliatelle)
	Salzwasser, siedend
4	**Schweinsmedaillons** (je ca. 50 g)
2	**Tranchen Rohschinken** (z. B. Prosciutto di Parma, ca. 30 g), längs halbiert
1 EL	**Olivenöl**
¼ TL	**Paprika**
¼ TL	**Salz**
1 EL	**Cognac**
300 g	**Kefen**
200 g	**rote Zwiebeln,** in Schnitzen
1½ dl	**Gemüsebouillon**
	Salz, Pfeffer, nach Bedarf
180 g	**Joghurt nature**
1 EL	**Ketchup**
	Salz, Pfeffer, nach Bedarf

1. Ofen auf 60 Grad vorheizen, Platte und Teller vorwärmen.
2. Teigwaren im Salzwasser al dente kochen, abtropfen, zugedeckt warm stellen.
3. Medaillons mit je einer Tranche Rohschinken umwickeln. Öl in einer Bratpfanne heiss werden lassen. Medaillons beidseitig je ca. 1 Min. anbraten, Hitze reduzieren, beidseitig je ca. 3 Min. fertig braten. Medaillons herausnehmen, würzen, warm stellen.
4. Cognac in dieselbe Pfanne geben. Kefen und Zwiebeln beigeben, ca. 4 Min. andämpfen. Bouillon dazugiessen, Gemüse ca. 6 Min. weich köcheln, würzen.
5. Joghurt und Ketchup mit dem Mixstab aufschäumen, würzen. Medaillons, Teigwaren und Gemüse auf den vorgewärmten Tellern anrichten, Joghurt dazu servieren.

Tipp: Statt Teigwaren Langkornreis verwenden.

Portion: 550 kcal, F 17 g, Kh 57 g, E 43 g

MEDITERRANES KALBSFILET

Vor- und zubereiten: ca. 25 Min.
Niedergaren: ca. 1 Std.

240 g	**Kalbsfilet** (Mittelstück)
1 EL	**Olivenöl**
½ TL	**Salz**
wenig	**Pfeffer**
1 EL	**Olivenöl**
2	**Knoblauchzehen,** in Scheibchen
400 g	**Auberginen,** in Würfeli
250 g	**Cherry-Tomaten**
2 EL	**Wasser**
½ TL	**Salz**
wenig	**Pfeffer**
40 g	**grüne Oliven**
2 EL	**Basilikum,** grob geschnitten
2 EL	**Oregano,** grob geschnitten
150 g	**Brot** (z. B. Pagnol)

1. Fleisch ca. 30 Min. vor dem Anbraten aus dem Kühlschrank nehmen. Ofen auf 80 Grad vorheizen, Platte und Teller vorwärmen.
2. Öl in einer Bratpfanne heiss werden lassen. Filet rundum ca. 5 Min. anbraten, herausnehmen, würzen, auf die vorgewärmte Platte legen. Fleischthermometer an der dicksten Stelle einstecken.
3. **Niedergaren:** ca. 1 Std. in der Mitte des Ofens. Die Kerntemperatur soll ca. 55 Grad betragen. Das Fleisch kann anschliessend bei 60 Grad bis zu 1 Std. warm gehalten werden.
4. Öl in einer Pfanne warm werden lassen. Knoblauch, Auberginen und Tomaten andämpfen. Wasser beigeben, würzen, zugedeckt bei kleiner Hitze unter gelegentlichem Rühren ca. 15 Min. weich köcheln.
5. Oliven, Basilikum und Oregano daruntermischen. Filet tranchieren, mit dem Gemüse auf den vorgewärmten Tellern anrichten, Brot dazu servieren.

Portion: 551 kcal, F 21 g, Kh 53 g, E 37 g

KALBSPLÄTZLI AL LIMONE MIT RISOTTO

Vor- und zubereiten: ca. 40 Min.
Für 1 Vakuumiergerät und
1 Vakuumbeutel

---

4 Kalbsplätzli (z. B. Nuss, je ca. 60 g)
1 Bio-Zitrone, nur abgeriebene Schale
8 Kapernäpfel, abgetropft
1 EL Zitronenthymianblättchen

½ EL Olivenöl
400 g Zucchini, halbiert, in Stücken
¼ TL Salz
wenig Pfeffer

½ EL Olivenöl
1 Zwiebel, fein gehackt
90 g Risottoreis (z. B. Vialone Nano)
½ dl Weisswein
5 dl Gemüsebouillon, heiss
2 EL geriebener Parmesan
10 g Butter
½ EL Zitronenthymianblättchen
Salz, Pfeffer, nach Bedarf

½ TL Salz
wenig Pfeffer

---

1. Plätzli und alle Zutaten bis und mit Thymian in den Vakuumbeutel geben, fachgerecht vakuumieren, kühl stellen.
2. Öl in einer Pfanne warm werden lassen. Zucchini ca. 5 Min. andämpfen, würzen, herausnehmen, beiseite stellen.
3. Öl in derselben Pfanne warm werden lassen. Zwiebel andämpfen. Reis beigeben, unter Rühren dünsten, bis er glasig ist. Wein dazugiessen, vollständig einkochen. Bouillon unter häufigem Rühren nach und nach dazugiessen, sodass der Reis immer knapp mit Flüssigkeit bedeckt ist, ca. 20 Min. köcheln, bis der Reis cremig und al dente ist. Käse, Butter und Thymian darunterrühren. Zucchini wieder beigeben, heiss werden lassen, würzen.
4. Wasser in einer Pfanne auf 70 Grad erwärmen. Vakuumbeutel beigeben, ca. 10 Min. ziehen lassen. Plätzli aus dem Beutel nehmen, Sud auffangen. Plätzli würzen, mit dem Risotto anrichten, Plätzli mit dem Sud beträufeln.

Hinweis: Wassertemperatur mit einem Thermometer überwachen.

Zubereitung ohne Vakuumiergerät (Titelbild): 1 EL Olivenöl in einer Bratpfanne heiss werden lassen. Plätzli beidseitig je ca. 2 Min. braten, Zitronenschale, Kapernäpfel und Thymianblättchen kurz mitbraten, Plätzli würzen.

Portion: 471 kcal, F 16 g, Kh 43 g, E 38 g

Schonend gegart dank sous-vide

In der Gastronomie kennt man diese Methode schon länger. Jetzt wird sie auch immer häufiger in Privathaushalten angewendet. Denn das Sous-vide-Garen hat einige Vorteile: Die Methode ist einfach, das Gargut wird schonend und unter Luftausschluss bei niedriger Termperatur gegart, die Aromen entfalten sich wundervoll, und das Gargut bleibt saftig.

LACHS MIT LATTICHNUDELN

Vor- und zubereiten: ca. 20 Min.
Für 1 Vakuumiergerät und
1 Vakuumbeutel

2 Lachsfilets ohne Haut (je ca. 120 g)
1 Bio-Orange, ½ abgeriebene Schale und 2 EL Saft, beiseite gestellt
2 Zweiglein Rosmarin
2 Kardamomkapseln, nur ausgelöste Samen

120 g Teigwaren (z. B. Tagliatelle)
Salzwasser, siedend
400 g Lattich, in feinen Streifen
3 EL fettreduzierter Frischkäse (z. B. Philadelphia Balance)
Salz, Pfeffer, nach Bedarf

¼ TL Fleur de Sel
wenig Pfeffer

1. Lachsfilets, Orangenschale, Rosmarin und Kardamomsamen in den Vakuumbeutel geben, fachgerecht vakuumieren, kühl stellen.
2. Teigwaren im Salzwasser al dente kochen, ca. 1½ dl Kochwasser beiseite stellen. Teigwaren abtropfen, zurück in die Pfanne geben. Beiseite gestelltes Kochwasser und Orangensaft dazugiessen. Lattich und Frischkäse daruntermischen, nur noch heiss werden lassen, würzen.
3. Wasser in einer Pfanne auf 70 Grad erwärmen. Vakuumbeutel beigeben, ca. 5 Min. ziehen lassen. Lachsfilets aus dem Beutel nehmen, würzen, mit den Teigwaren anrichten.

Hinweis: Wassertemperatur mit einem Thermometer überwachen.

Zubereitung ohne Vakuumiergerät:
1 EL Olivenöl in einer beschichteten Bratpfanne heiss werden lassen. Lachsfilets mit dem Rosmarin und den Kardamomsamen beidseitig je ca. 2 Min. braten, Orangenschale beigeben, Lachsfilets würzen.

Portion: 511 kcal, F 20 g, Kh 47 g, E 36 g

THONRAVIOLI AUF RAHMLAUCH

Vor- und zubereiten: ca. 35 Min.
Ergibt 16 Stück

1 Dose Thon in Salzwasser (ca. 80 g), abgetropft
2 EL Saucen-Halbrahm
1 Bio-Orange, ½ abgeriebene Schale und 1 EL Saft
1 TL Thymianblättchen
wenig Muskat

1 Rolle Pastateig (ca. 125 g)
1 frisches Eiweiss, verklopft

1 EL Rapsöl
1 Zwiebel, fein gehackt
400 g Lauch, in feinen Ringen
1 Bio-Orange, ½ abgeriebene Schale und 2 EL Saft
½ TL Salz
wenig Pfeffer
1 dl Saucen-Halbrahm

Salzwasser, siedend

1. Thon und alle Zutaten bis und mit Muskat mit einer Gabel mischen.
2. Pastateig entrollen, längs halbieren. Füllung mit einem Teelöffel in 16 haselnussgrosse Portionen auf einer Teighälfte verteilen. Freie Teighälfte mit wenig Eiweiss bestreichen, über die Füllung legen, Kanten gut andrücken, dabei eingeschlossene Luft herausdrücken. Ravioli mit dem Teigrädchen voneinander trennen.
3. Öl in einer Pfanne warm werden lassen. Zwiebel und Lauch ca. 3 Min. andämpfen. Orangenschale und -saft beigeben, würzen, zugedeckt ca. 5 Min. weich köcheln. Saucen-Halbrahm beigeben, mischen.
4. Ravioli im leicht siedenden Salzwasser ca. 5 Min. ziehen lassen, mit einer Schaumkelle herausnehmen, abtropfen. Lauch anrichten, Ravioli darauf verteilen.

Portion: 518 kcal, F 25 g, Kh 50 g, E 22 g

HACKBRATEN MIT PILZEN

Vor- und zubereiten: ca. 30 Min.
Schmoren: ca. 35 Min.

220 g	**mageres Hackfleisch** (Rind)
100 g	**Champignons,** grob gehackt
30 g	**Brötli** (z. B. Silser), in Würfeli, in 2 EL Milch eingeweicht
4 EL	**Petersilie,** fein geschnitten, 1 EL beiseite gestellt
1	**Ei**
1 TL	**Paprika**
½ TL	**Salz**
1 EL	**Olivenöl**
½ EL	**Mehl**
1 TL	**Paprika**
1 dl	**Weisswein**
1½ dl	**Fleischbouillon**
300 g	**Pilze** (z. B. Champignons, Kräuterseitlinge, Austernpilze), längs halbiert oder geviertelt
1	**Apfel** (z. B. Braeburn), in Schnitzen
100 g	**Teigwaren** (z. B. Spiralen)
	Salzwasser, siedend
	Salz, Pfeffer, nach Bedarf

1. Fleisch und alle Zutaten bis und mit Salz mischen, von Hand gut kneten, bis sich die Zutaten zu einer kompakten Masse verbinden. Masse zu einem ca. 15 cm langen Braten formen.
2. Öl im Brattopf heiss werden lassen. Mehl und Paprika in einem flachen Teller mischen. Braten darin wenden, rundum ca. 4 Min. anbraten, erst wenden, wenn sich eine Kruste gebildet hat.
3. Wein dazugiessen, vollständig einkochen. Bouillon dazugiessen, zugedeckt bei kleiner Hitze ca. 20 Min. schmoren, Braten dabei einmal wenden.
4. Pilze und Apfel zum Braten geben, zugedeckt ca. 15 Min. fertig schmoren.
5. Teigwaren im Salzwasser al dente kochen, abtropfen. Braten herausnehmen, tranchieren, beiseite gestellte Petersilie mit den Pilzen mischen, würzen, anrichten.

Ergänzen mit: Blattsalat als Vorspeise.

Portion: 544 kcal, F 19 g, Kh 54 g, E 39 g

CECEI-PILAW MIT CREVETTEN

Vor- und zubereiten: ca. 40 Min.

1 EL Olivenöl
1 Schalotte, fein gehackt
1 roter Chili, entkernt, fein gehackt
400 g rote Cecei oder Peperoni, in ca. 2 cm grossen Stücken
120 g Langkornreis (z. B. Parboiled)
½ dl Weisswein
4 dl Gemüsebouillon
2 Stängel Zitronengras, gequetscht
Salz, Pfeffer, nach Bedarf

1 EL Olivenöl
4 rohe Riesencrevettenschwänze (ca. 250 g), bis auf das Schwanzende geschält
1 Knoblauchzehe, gepresst
1 Stängel Zitronengras, Inneres fein gehackt
¼ TL Salz
wenig Pfeffer
1 Limette, heiss abgespült, in Schnitzen

1. Öl in einer Pfanne warm werden lassen. Schalotte und Chili kurz andämpfen. Cecei und Reis ca. 2 Min. mitdämpfen. Wein dazugiessen, vollständig einkochen. Bouillon und Zitronengras beigeben, aufkochen, Hitze reduzieren. Reis zugedeckt bei kleiner Hitze ca. 20 Min. köcheln, bis alle Flüssigkeit eingekocht ist, würzen, Zitronengras entfernen.
2. Öl in einer beschichteten Bratpfanne heiss werden lassen. Crevetten beidseitig je ca. 1 Min. anbraten. Hitze reduzieren, Knoblauch und Zitronengras beigeben, Crevetten beidseitig je ca. 1 Min. fertig braten, würzen. Crevetten mit dem Pilaw anrichten, Limettenschnitze dazu servieren.

Ergänzen mit: Blattsalat als Vorspeise.

Portion: 488 kcal, F 14 g, Kh 60 g, E 31 g

REHSCHNITZEL MIT QUARK-KNÖPFLI

Vor- und zubereiten: ca. 40 Min.
Quellen lassen: ca. 30 Min.

- 100 g **Mehl**
- ¼ TL **Salz**
- 60 g **Magerquark**
- 1 **frisches Ei**
- 1 EL **Wasser**

- 2 dl **Wildfond** oder Fleischbouillon
- 2 **Wacholderbeeren,** zerdrückt
- 1 **Birne** (z. B. Gute Luise), halbiert, Kerngehäuse entfernt, in Schnitzen
- 2 EL **Preiselbeeren aus dem Glas**
- **Salz, Pfeffer,** nach Bedarf

- 4 dl **Wasser**
- ¼ TL **Salz**
- 400 g **Rosenkohl,** halbiert
- 100 g **Nüsslisalat**
- **Salz, Pfeffer,** nach Bedarf

- 1 EL **Olivenöl**
- 4 **Rehschnitzel** (je ca. 50 g)
- ¼ TL **Salz**
- wenig **Pfeffer**

- **Salzwasser,** siedend

---

1. **Knöpfliteig:** Mehl und Salz in einer Schüssel mischen, in der Mitte eine Mulde eindrücken. Quark, Ei und Wasser verrühren, nach und nach unter Rühren in die Mulde giessen, mit einer Kelle mischen und so lange klopfen, bis der Teig glänzt und Blasen wirft. Zugedeckt bei Raumtemperatur ca. 30 Min. quellen lassen.
2. Ofen auf 60 Grad vorheizen, Platte und Teller vorwärmen.
3. Fond mit Wacholderbeeren, Birne und Preiselbeeren in einer Pfanne aufkochen, Hitze reduzieren. Birne ca. 10 Min. knapp weich köcheln, würzen, zugedeckt warm stellen.
4. Wasser aufkochen, salzen, Rosenkohl ca. 5 Min. weich kochen, abtropfen, zurück in die Pfanne geben. Nüsslisalat daruntermischen, würzen, warm stellen.
5. Öl in einer beschichteten Bratpfanne heiss werden lassen. Rehschnitzel beidseitig je ca. 2 Min. braten, herausnehmen, würzen, warm stellen.
6. Knöpfliteig durchs Knöpflisieb in das leicht siedende Salzwasser streichen. Sobald die Knöpfli an die Oberfläche steigen, mit einer Schaumkelle herausnehmen, abtropfen. Knöpfli mit dem Rosenkohl, den Rehschnitzeln und den Birnen auf den vorgewärmten Tellern anrichten.

Portion: 516 kcal, F 12 g, Kh 57 g, E 43 g

ZANDER AUF KÜRBIS UND KARTOFFELN

Vor- und zubereiten: ca. 25 Min.
Backen: ca. 28 Min.

500 g Kürbis (z. B. Butternut), in ca. 2 mm dicken Scheiben
1 EL Olivenöl
½ TL Salz
wenig Pfeffer

400 g Kartoffeln (z. B. Blaue St. Galler oder fest kochende Kartoffeln), in ca. 2 mm dicken Scheiben
1 EL Olivenöl
¼ TL Salz
wenig Pfeffer

250 g Zanderfilets, in 4 Stücken
¼ TL Salz
wenig Pfeffer
1 Bio-Zitrone, abgeriebene Schale und 2 EL Saft

3 EL Mandelblättchen, geröstet
2 EL Schnittlauch, fein geschnitten

1. Kürbis, Öl, Salz und Pfeffer mischen, auf einer Hälfte eines mit Backpapier belegten Blechs verteilen.
2. Kartoffeln, Öl, Salz und Pfeffer mischen, auf der anderen Hälfte des Blechs verteilen.
3. **Backen:** ca. 20 Min. in der Mitte des auf 200 Grad vorgeheizten Ofens. Blech herausnehmen.
4. Fisch beidseitig würzen, auf die Kartoffeln legen. Zitronenschale und -saft auf dem Fisch und dem Kürbis verteilen.
5. **Fertig backen:** ca. 8 Min. Blech herausnehmen, Kürbis auf Tellern anrichten. Kartoffeln und Fisch darauflegen, Mandelblättchen und Schnittlauch darüberstreuen.

Ergänzen mit: Blattsalat als Vorspeise.

Portion: 450 kcal, F 21 g, Kh 34 g, E 32 g

INVOLTINI MIT DATTELN UND ROTKRAUT

Vor- und zubereiten: ca. 50 Min.

1 EL Olivenöl
2 Schalotten, in feinen Streifen
20 g Risottoreis (z. B. Carnaroli)
1 dl Rotwein
400 g Rotkabis, fein gehobelt
100 g tiefgekühlte Marroni
1 EL Rotweinessig
4 dl Gemüsebouillon
Salz, Pfeffer, nach Bedarf

4 dünne Kalbsplätzli (z. B. Huft, je ca. 60 g)
½ EL Senf
½ EL Rosmarin, fein geschnitten
30 g entsteinte Datteln, halbiert

1 EL Olivenöl
½ TL Salz
wenig Pfeffer

1. Öl in einer Pfanne warm werden lassen. Schalotten und Reis andämpfen, Wein dazugiessen, vollständig einkochen. Kabis und Marroni beigeben, ca. 5 Min. mitdämpfen. Essig und Bouillon dazugiessen, zugedeckt ca. 30 Min. köcheln, würzen.
2. Plätzli etwas flach klopfen, mit Senf bestreichen. Rosmarin darüberstreuen, Datteln darauflegen. Plätzli satt aufrollen, mit Zahnstochern fixieren.
3. Öl in einer Bratpfanne heiss werden lassen. Involtini rundum ca. 5 Min. braten, würzen, mit dem Rotkraut anrichten.

Ergänzen mit: Blattsalat als Vorspeise.

Portion: 473 kcal, F 17 g, Kh 48 g, E 32 g

FONDUE CHINOISE (S. 266–269)

MAYONNAISE

Vor- und zubereiten: ca. 5 Min.
Ergibt ca. 1 dl

- **1 frisches Eigelb**
- **1 TL Senf**
- **4 EL Rapsöl**
- **2 EL saurer Halbrahm**
- **¼ TL Salz**
- **wenig Pfeffer**

Eigelb und Senf in einer Schüssel mit dem Schwingbesen gut verrühren. Öl unter ständigem Rühren anfangs tropfenweise, dann nach und nach dazugiessen, bis eine dickflüssige Mayonnaise entsteht. Sauren Halbrahm darunterrühren, würzen.

Hinweis: Resten von Saucen mit rohen Eiern nicht aufbewahren!

Portion: 279 kcal, F 30 g, Kh 1 g, E 2 g

CURRYSAUCE

Alle Saucen: vor- und zubereiten ca. 5 Min., ergibt je 2 Portionen

- **1 dl Mayonnaise** (s. oben)
- **1 TL Curry**
- **1 Baby-Ananas,** ½ in Würfeli, (ergibt ca. 100 g)

Mayonnaise, Curry und Ananaswürfeli mischen.

Tipp: Restliche Ananas, in Stücken, zum Fondue servieren.

Portion: 303 kcal, F 30 g, Kh 6 g, E 3 g

COCKTAILSAUCE

- **1 dl Mayonnaise** (s. oben)
- **2 EL Ketchup**
- **wenig Paprika und Tabasco**

Mayonnaise und Ketchup verrühren, würzen.

Portion: 296 kcal, F 30 g, Kh 5 g, E 3 g

PFEFFERSAUCE

- **1 dl Mayonnaise** (s. oben)
- **½–1 EL eingelegte grüne Pfefferkörner,** abgetropft, zerdrückt
- **1 EL Petersilie,** fein geschnitten

Mayonnaise, Pfeffer und Petersilie verrühren.

Portion: 283 kcal, F 30 g, Kh 1 g, E 2 g

FONDUE CHINOISE (S. 266–269)

OFENGEMÜSE

Vor- und zubereiten: ca. 25 Min.
Backen: ca. 30 Min.
Beilage für 2 Personen

200 g rohe Randen, in Schnitzen
200 g Süsskartoffeln oder fest kochende Kartoffeln, in Schnitzen
200 g Petersilienwurzeln, in Stängeln
200 g Champignons, halbiert
1 EL Olivenöl
1 TL Salz
wenig Pfeffer
2 Zweiglein Rosmarin
2 Zweiglein Thymian

1. Randen und alle restlichen Zutaten in einer Schüssel mischen, auf einem mit Backpapier belegten Blech verteilen.
2. **Backen:** ca. 30 Min. in der Mitte des auf 200 Grad vorgeheizten Ofens.

Portion: 209 kcal, F 7 g, Kh 29 g, E 7 g

SUD

Vor- und zubereiten: ca. 25 Min.

1 l Fleischbouillon
1 Rüebli, in Stücken
1 Zwiebel, in Stücken
1 Stängel Zitronengras, gequetscht
1 roter Chili

1. Bouillon mit allen restlichen Zutaten aufkochen, ca. 15 Min. köcheln. Sud durch ein Sieb in das Rechaud-Pfännchen giessen, auf dem Fondue-Rechaud heiss halten.
2. Sud nach dem Fondue-Plausch evtl. absieben, aufkochen, in vorgewärmten Suppentassen servieren.

   Lässt sich vorbereiten: Sud ca. 1 Tag im Voraus zubereiten, absieben, zugedeckt im Kühlschrank aufbewahren. Vor dem Servieren aufkochen.

120 g Fleisch pro Person

Geeignete Fleischstücke: Kalbs-, Rinds-, und Schweinsfilet, Rindshuft, Lammnierstück, Pouletbrüstli, Crevetten.

Das Ofengemüse (siehe oben) sowie 1 Sauce (S. 266) ergeben die Beilagen für 2 Personen.

desserts

RUND UMS SÜSSEN

Zucker ist Süssungs-, Konservierungs- und Genussmittel. Unter dem Begriff Zucker werden verschiedene Zuckerarten zusammengefasst, die allesamt zur Gruppe der Kohlenhydrate gehören. Was wir im Haushalt normalerweise unter Zucker verstehen, wird aus Zuckerrohr oder Zuckerrüben gewonnen. Letztere werden auch in der Schweiz angebaut.

WARUM FÄLLT ES SO SCHWER, SÜSSEM ZU WIDERSTEHEN?

Chemisch gesehen könnten wir auf Zucker verzichten, da unser Körper den Zucker auch aus Stärke beziehen kann. Zucker liefert uns Kalorien, jedoch keine lebensnotwendigen Vitamine und Mineralstoffe. Man spricht bei Zucker deshalb auch von leeren Kalorien. Zucker hat für uns Menschen mehr eine psychologische, angeborene Seite. Schon die Muttermilch schmeckt süss – und das prägt uns für alle Zeiten. Süss steht für nahrhaft und ungiftig. Von den fünf Geschmacksrichtungen süss, salzig, sauer, bitter und umami empfinden wir süss immer als angenehm.

Es ist aber nicht nur Vorliebe, sondern auch erlerntes Verhalten. Schon als Kind werden wir mit ganz bestimmten Lebensmitteln, meist Süssem, belohnt. Das lässt sich später nicht mehr entkoppeln – und so belohnen wir uns als Erwachsene weiterhin mit Süssem. Meist öfter, als es für die Gesundheit gut ist.

IST FRUCHTZUCKER GESÜNDER ALS KRISTALLZUCKER?

Immer mehr Lebensmittel enthalten die Aufschrift «ohne Kristallzucker» oder «mit Fruchtzucker (Fructose) gesüsst». Viele Gesundheitsbewusste greifen deshalb zu diesen Produkten, da diese Deklaration Natürlichkeit und Gesundheit suggeriert.

Fruchtzucker ist 1,6 Mal süsser als normaler Zucker. Beim Süssen von Gerichten mit Fruchtzucker kommt man deshalb mit weniger Zucker und somit mit weniger Kalorien aus. Für viele ein Kriterium, Fruchtzucker anstelle von weissem Zucker zu wählen.

Doch aufgepasst: Auch Fruchtzucker löst Karies aus. Und der Darm absorbiert ihn sehr schnell. Der menschliche Körper kann den Fruchtzucker schlechter verwerten als den Traubenzucker. Während Traubenzucker als Energielieferant für den Betrieb von Muskeln und Gehirn sorgt, wird Fruchtzucker in der Leber zu Traubenzucker oder Fetten umgebaut. Was zu viel rein kommt, setzt die Leber teilweise direkt in Fett um. Dies wiederum führt zur Erhöhung der Blutfette.

Es gibt immer mehr Hinweise, dass Fruchtzucker in hohen Mengen gesundheitliche Schäden verursachen kann. Zahlreiche Studien zeigen, dass Kristallzucker nicht einfach durch Fruchtzucker ersetzt werden sollte. Fruktose aus Fruktosesirup im Übermass kann zu Gewichtszunahme, Bluthochdruck, erhöhten Blutfetten und Diabetes, zum sogenannten Metabolischen Syndrom, führen.

ACHTUNG, HIER STECKT ZUCKER DRIN

So viel Würfelzucker stecken in:

> 1 Becher Fruchtjoghurt (180 g)	6
> 1 Portion Konfitüre (30g)	4
> 30 g gesüsste Müeslimischung	3
> 5 dl Süssgetränk	10–12
> 40 g Brotaufstrich (z. B. Nutella)	5
> 1 EL Ketchup	1
> 1 Reihe Milchschokolade (16 g)	3
> 1 Schokoriegel	6–7

SÜSSSTOFFE

Süssstoffe sind synthetisch hergestellte (z. B. Saccharin) oder natürliche (z. B. Stevia) Stoffe, die eine bis zu siebenhundert Mal höhere Süsskraft als Zucker haben. Sie haben keine Kalorien, benötigen kein Insulin zum Abbau und sind zahnschonend. Zuckeraustauschstoffe (Xylit, Sorbit, Erythrit) hingegen sind süss schmeckende Kohlenhydrate (Zuckeralkohole), die ähnlich süss wie Zucker sind. Sie sind zahnschonend, können aber ab einer bestimmten Konsummenge Verdauungsbeschwerden verursachen. Süssstoffe eignen sich zum Süssen von Tee, nicht aber für Gebäck oder Desserts, da sie häufig einen unangenehmen Nebengeschmack haben.

SÜSSZAHN-TIPPS

Wer drei Tage lang keinerlei Zucker zu sich nimmt, verliert den Heisshunger auf Süsses ganz von selbst.

Den Vorrat an Süssem möglichst klein halten, damit man sich nicht unnötig in Versuchung führt.

Süsses und Früchte bevorzugt im Anschluss an eine Mahlzeit geniessen. Die im Menü enthaltenen Bestandteile wie Eiweiss, Fett und Kohlenhydrate bremsen einen raschen Blutzuckeranstieg. Wird Süsses als Zwischenmahlzeit konsumiert, entsteht bedingt durch den starken Blutzuckeranstieg eine vermehrte Insulinausschüttung. Dies führt wiederum zu einem Blutzuckerabsinken. So entsteht ein Hungertief, ohne dass der Körper einen echten Nahrungsbedarf hat.

Süsses gezielt einplanen und bewusst geniessen – ohne Schuldgefühle! Danach Zähne putzen (nach säurehaltigen Süssigkeiten, Desserts und Früchten mit dem Zähneputzen ca. 30 Min. warten).

ORANGEN-TIRAMISU

Vor- und zubereiten: ca. 15 Min.
Kühl stellen: ca. 2 Std.
Für 2 Förmchen von je ca. 2½ dl

4	**Löffelbiskuits** (ca. 25 g), halbiert
1	**Orange**
250 g	**Halbfettquark**
1½ EL	**Zucker**
½	**Vanillestängel,** längs aufgeschnitten, nur ausgekratzte Samen
1 TL	**Kakaopulver**

1. Löffelbiskuits in die Förmchen verteilen.
2. Von der Orange Boden und Deckel, dann Schale ringsum bis auf das Fruchtfleisch wegschneiden. Orange vierteln, in Scheiben schneiden, auf den Löffelbiskuits verteilen.
3. Quark, Zucker und Vanillesamen verrühren, auf den Orangen verteilen, zugedeckt ca. 2 Std. kühl stellen. Vor dem Servieren mit Kakaopulver bestäuben.

Tipp: Statt Orangen 200 g Erdbeeren, in Würfeli, mit 1 TL Zucker und 1 TL Zitronensaft gemischt, verwenden.

Portion: 250 kcal, F 8 g, Kh 30 g, E 14 g

GEWÜRZ-GUETZLI

Vor- und zubereiten: ca. 20 Min.
Backen: ca. 8 Min.
Ergibt ca. 34 Stück

15 g Butter
3 EL grobkörniger Rohzucker
70 g Haferflocken fein
70 g Ruchmehl

1 frisches Ei
2 EL grobkörniger Rohzucker
½ TL Zimt
¼ TL Kardamompulver
wenig Muskat
1 Prise Salz

1. Butter in einer Pfanne warm werden lassen. Zucker und Haferflocken beigeben, ca. 2 Min. rösten, bis der Zucker geschmolzen ist. Pfanne von der Platte nehmen, Mehl daruntermischen.
2. Ei und und alle restlichen Zutaten in einer Schüssel mit den Schwingbesen des Handrührgeräts ca. 5 Min. rühren. Haferflocken daruntermischen.
3. Den warmen Teig zwischen 2 Backpapieren ca. 4 mm dick auswallen. Teig in ca. 4 cm grosse Quadrate schneiden, diagonal halbieren, auf ein mit Backpapier belegtes Blech legen.
4. **Backen:** ca. 8 Min. in der Mitte des auf 200 Grad vorgeheizten Ofens. Guetzli herausnehmen, auf einem Gitter auskühlen.

   Haltbarkeit: in einer Dose gut verschlossen ca. 10 Tage. Ideale Tagesportion 3 Stück.

Stück: 27 kcal, F 1 g, Kh 4 g, E 1 g

Naschen erlaubt

Wer abnehmen will, muss nicht gänzlich auf Süsses verzichten. Wer sich hie und da etwas gönnt, hat bessere Laune und bleibt motiviert. Damit man aber nicht über die Stränge schlägt, hilft folgender Trick: Vor dem Essen entscheiden: «Heute gönn ich mir ein Dessert», pro Person drei Gewürz-Guetzli aus der Dose nehmen und auf einem hübschen kleinen Teller anrichten. Die Dose wieder verschliessen und wegräumen. Guetzli nach dem Essen als Dessert geniessen.

ERDBEERSORBET MIT SABAYON

Vor- und zubereiten: ca. 25 Min.
Gefrieren: ca. 4 Std.

3 EL Wasser
50 g Zucker

250 g Erdbeeren, 2 Stück beiseite gestellt, restliche halbiert
1 EL Zitronensaft

2 frische Eigelbe
1 EL Zucker
1 EL heisses Wasser

1. Wasser mit dem Zucker in einer kleinen Pfanne aufkochen, Hitze reduzieren, ca. 2 Min. köcheln, in eine Chromstahlschüssel giessen, auskühlen.
2. Erdbeeren mit dem Zitronensaft pürieren, mit dem Sirup verrühren, zugedeckt ca. 4 Std. gefrieren, dabei Masse 4-mal gut durchrühren.
3. Eigelbe, Zucker und Wasser in einer dünnwandigen Schüssel mit den Schwingbesen des Handrührgeräts rühren, bis die Masse schaumig ist. Schüssel über das nur leicht siedende Wasserbad hängen, sie darf das Wasser nicht berühren. Ca. 2 Min. rühren, bis das Sabayon schaumig ist und sich Rührspuren abzeichnen. Schüssel herausnehmen, kurz weiterrühren, sofort mit dem Erdbeersorbet anrichten, mit den beiseite gestellten Erdbeeren verzieren, sofort servieren.

Schneller: Erdbeermasse in einer Glacemaschine nach Anleitung gefrieren.

Lässt sich vorbereiten: Sorbet ca. 1 Woche im Voraus zubereiten. Ca. 15 Min. vor dem Servieren in den Kühlschrank stellen.

Portion: 239 kcal, F 7 g, Kh 40 g, E 4 g

BLITZ-SORBET MIT POPCORN-CRACKERN

Vor- und zubereiten: ca. 20 Min.

4 EL Puderzucker
1 EL Wasser
5 g gesalzenes Popcorn, fein gehackt

250 g tiefgekühlte Beerenmischung, angetaut
3 EL Puderzucker
4 EL Wasser
1 EL Zitronensaft

1. Puderzucker und Wasser in einer Pfanne ohne Rühren aufkochen. Hitze reduzieren, unter gelegentlichem Hin-und-her-Bewegen der Pfanne köcheln, bis ein goldbrauner Caramel entsteht. Caramel auf ein Backpapier giessen, Popcorn sofort darüberstreuen. Ein Backpapier darauflegen, mit dem Wallholz darüberrollen. Oberes Papier entfernen, Caramel auskühlen, in Stücke brechen.
2. Beeren mit allen restlichen Zutaten pürieren, mit Popcorn-Crackern sofort servieren.

Tipp: Statt Beerenmischung tiefgekühlte entsteinte Kirschen verwenden.

Portion: 183 kcal, F 2 g, Kh 39 g, E 2 g

MELONEN-GRANITA

Vor- und zubereiten: ca. 5 Min.
Gefrieren: ca. 4 Std.

- **400 g Melone** (z. B. Wassermelone oder Charentais), in Stücken (ergibt ca. 300 g)
- **½ dl Holunderblütensirup**
- **1 EL Pfefferminze,** fein geschnitten

Melone mit dem Sirup in einem Mixglas pürieren, in eine Chromstahlschüssel giessen. Masse zugedeckt ca. 4 Std. gefrieren, dabei 4-mal mit einer Gabel aufkratzen, bis die Masse körnig gefroren ist. Pfefferminze daruntermischen, sofort servieren.

Portion: 132 kcal, F 0 g, Kh 31 g, E 1 g

APRIKOSENMOUSSE

Vor- und zubereiten: ca. 30 Min.
Kühl stellen: ca. 2 Std.

250 g Aprikosen, entsteint, in Stücken
1 EL Zucker
1 EL Wasser
½ Vanillestängel, längs aufgeschnitten, Samen ausgekratzt
2 Blatt Gelatine, ca. 5 Min. in kaltem Wasser eingelegt, abgetropft

2 frische Eiweisse
1 Prise Salz
1 EL Zucker
1 dl Halbrahm, kalt
1 Aprikose, in Schnitzchen
2 Holzspiesschen

1. Aprikosen mit Zucker, Wasser, Vanillestängel und -samen in einer Pfanne zugedeckt bei kleiner Hitze ca. 10 Min. weich köcheln. Vanillestängel entfernen, Kompott pürieren. Gelatine gut unter die heisse Masse rühren, in eine Schüssel giessen, auskühlen.
2. Eiweisse mit dem Salz steif schlagen. Zucker darunterrühren, weiterrühren, bis der Eischnee glänzt. Rahm flaumig schlagen. Eischnee und Rahm mit dem Gummischaber sorgfältig unter die Aprikosenmasse ziehen. Mousse in 2 Schälchen füllen, zugedeckt ca. 2 Std. kühl stellen. Aprikosenschnitze an die Spiesschen stecken, mit der Mousse servieren.

Portion: 254 kcal, F 14 g, Kh 26 g, E 6 g

PFIRSICHPÄCKLI

Vor- und zubereiten: ca. 30 Min.
Backen: ca. 15 Min.

2 EL gemahlene Mandeln
1 EL Zucker
150 g Pfirsich, entsteint, in Schnitzchen
1 TL Zitronensaft

½ Päckli Strudelteig (ca. 60 g)
10 g Butter, flüssig

wenig Puderzucker

100 g Pfirsich, in Schnitzchen
½ TL Puderzucker
1 TL Zitronensaft
1 TL Pfefferminze, fein geschnitten

1. Mandeln und Zucker unter ständigem Rühren in einer beschichteten Bratpfanne bei mittlerer Hitze rösten, bis der Zucker geschmolzen ist. Pfanne von der Platte nehmen, Pfirsich und Zitronensaft beigeben, mischen.
2. Teigblätter sorgfältig auseinanderfalten, vierteln, je 4 Teigstücke aufeinanderlegen. Pfirsichschnitze auf die Mitte der Teigstücke geben. Teigränder mit wenig Wasser bestreichen, über der Füllung zusammenraffen und zusammendrücken. Päckli auf ein mit Backpapier belegtes Blech setzen, mit Butter bestreichen.
3. **Backen:** ca. 15 Min. in der unteren Hälfte des auf 200 Grad vorgeheizten Ofens. Päckli herausnehmen, auf einem Gitter etwas abkühlen, mit Puderzucker bestäuben.
4. Pfirsichschnitze, Puderzucker, Zitronensaft und Pfefferminze mischen, zu den Päckli servieren.

Tipps

> Statt Pfirsiche Äpfel oder Zwetschgen verwenden.

> Statt Pfefferminze Zitronenverveine verwenden.

Portion: 280 kcal, F 11 g, Kh 39 g, E 6 g

HIMBEERCREME MIT HIMBEERPRALINEN

Vor- und zubereiten: ca. 35 Min.
Kühl stellen: ca. 1 Std.

125 g	**Himbeeren**
20 g	**dunkle Schokolade,** fein gehackt
½ EL	**Puderzucker**
1 EL	**Zitronensaft**
180 g	**Joghurt nature**
1½ EL	**Puderzucker**
3 EL	**Halbrahm**

1. Zehn Himbeeren mit der Öffnung nach oben auf einen flachen Teller legen. Rest beiseite stellen.
2. Schokolade in einen kleinen Gefrierbeutel geben, gut verschliessen, ca. 1 Min. in heisses, nicht siedendes Wasser halten. Beutel trocken tupfen, kurz durchkneten, bis die Schokolade vollständig geschmolzen ist, eine kleine Ecke abschneiden. Schokolade in die Himbeeren füllen, Rest gitterartig auf ein Backpapier spritzen, beides kühl stellen.
3. Beiseite gestellte Himbeeren mit Puderzucker und Zitronensaft pürieren, durch ein Sieb in eine Schüssel streichen.
4. Joghurt, Puderzucker und Halbrahm darunterrühren. Creme in Schälchen füllen, zugedeckt ca. 1 Std. kühl stellen. Schokoladegitter vom Backpapier lösen, Creme damit verzieren. Himbeerpralinen dazu servieren.

Portion: 226 kcal, F 13 g, Kh 21 g, E 6 g

HEIDELBEER-KOKOS-MAKRÖNCHEN

Vor- und zubereiten: ca. 30 Min.
Trocknen: ca. 45 Min.
Ergibt ca. 25 Stück

1½ EL Wasser
90 g Zucker

1 frisches Eiweiss
1 Prise Salz
1 EL Zucker

80 g Kokosraspel
2 EL getrocknete Heidelbeeren
1 EL Maizena
25 getrocknete Heidelbeeren

1. Wasser mit dem Zucker in einer kleinen Pfanne aufkochen, Pfanne von der Platte nehmen.
2. Eiweiss mit dem Salz sehr steif schlagen. Zucker beigeben, weiterschlagen, bis der Eischnee glänzt. Heisses Zuckerwasser unter ständigem Rühren langsam dazugiessen.
3. Kokosraspel, Heidelbeeren und Maizena mischen, mit dem Gummischaber sorgfältig unter den Eischnee ziehen. Masse in einen Spritzsack mit glatter Tülle (ca. 12 mm Ø) geben, ca. 25 Häufchen auf ein mit Backpapier belegtes Blech spritzen. Häufchen mit je einer Heidelbeere verzieren.
4. **Trocknen:** ca. 45 Min. in der unteren Hälfte des auf 100 Grad vorgeheizten Ofens, dabei die Ofentür mit einem Kellenstiel einen Spaltbreit offen halten. Makrönchen herausnehmen, mit dem Backpapier auf ein Gitter ziehen, auskühlen.

Hinweis: Getrocknete Heidelbeeren sind in gut sortierten Waren- und Reformhäusern sowie in grösseren Coop Supermärkten erhältlich. Statt getrocknete Heidelbeeren getrocknete Cranberrys, grob gehackt, verwenden.

Haltbarkeit: in einer Dose gut verschlossen ca. 10 Tage. Oder Makrönchen tiefkühlen, Haltbarkeit ca. 2 Monate. Ideale Tagesportion 2 Stück.

Stück: 45 kcal, F 2 g, Kh 6 g, E 1 g

LEBKUCHEN

Vor- und zubereiten: ca. 10 Min.
Backen: ca. 25 Min.
Für eine Cakeform von ca. 20 cm, mit Backpapier ausgelegt
Ergibt 8 Stück

120 g Mehl
80 g Zucker
½ EL Kakaopulver
½ EL Lebkuchengewürz
1 TL Backpulver

1¼ dl Milch
½ EL Rapsöl
1 EL Mandelstifte

1. **Blitzteig:** Mehl und alle Zutaten bis und mit Backpulver in einer Schüssel mischen.
2. Milch und Öl darunterrühren. Teig in die vorbereitete Form füllen, Mandeln darüberstreuen.
3. **Backen:** ca. 25 Min. in der Mitte des auf 180 Grad vorgeheizten Ofens. Lebkuchen herausnehmen, etwas abkühlen, aus der Form nehmen, auf einem Gitter auskühlen, in 8 Würfel schneiden.

Haltbarkeit: in Folie eingepackt im Kühlschrank ca. 5 Tage.

Stück: 118 kcal, F 2 g, Kh 21 g, E 3 g

GEWÜRZÄPFEL

Vor- und zubereiten: ca. 30 Min.

2 Äpfel (je ca. 150 g, z. B. Braeburn)

30 g Haselnüsse, grob gehackt
1 EL Akazienhonig
¼ TL Zimt

2½ dl Orangensaft
1 Zimtstange
1 Sternanis

1. Am Stielende der Äpfel je einen ca. 2 cm dicken Deckel abschneiden. Kerngehäuse mit einem Apfelausstecher ausstechen, Apfelschalen mehrmals einschneiden.
2. Nüsse, Honig und Zimt mischen, in die Äpfel füllen, Deckel aufsetzen.
3. Orangensaft mit Zimt und Sternanis aufkochen, Hitze reduzieren. Äpfel beigeben, mit wenig Flüssigkeit beträufeln, zugedeckt bei kleiner Hitze ca. 15 Min. köcheln.

Portion: 261 kcal, F 11 g, Kh 40 g, E 4 g

MANGO-GRIESSKÖPFLI

Vor- und zubereiten: ca. 40 Min.
Kühl stellen: ca. 2 Std.
Für 2 Förmchen von je ca. 2 dl, kalt ausgespült

---

1 Mango, in Würfeli (ergibt ca. 200 g)

1 Limette, heiss abgespült, trocken getupft, wenig abgeriebene Schale, beiseite gestellt, und 1 EL Saft

1 EL Wasser

2½ dl Wasser

1¼ dl Milch

1 Prise Salz

½ Vanillestängel, längs aufgeschnitten, Samen ausgekratzt

50 g Hartweizengriess

1 EL Zucker

---

1. Ein Drittel der Mangowürfeli mit ½ Esslöffel Limettensaft mischen. Restliche Mangowürfeli mit ½ Esslöffel Limettensaft und dem Wasser pürieren, beides beiseite stellen.
2. Wasser und Milch mit Salz und Vanillestängel und -samen aufkochen. Griess einrühren, Hitze reduzieren, unter gelegentlichem Rühren bei kleiner Hitze ca. 10 Min. zu einem dicken, aber noch feuchten Brei köcheln. Pfanne von der Platte nehmen, zugedeckt ca. 10 Min. quellen lassen. Vanillestängel entfernen, Zucker und beiseite gestellte Limettenschale darunterrühren.
3. Vorbereitete Förmchen bis zu ⅔ mit der Griessmasse füllen. Mit einem Löffel in der Mitte eine Vertiefung eindrücken, Mangowürfeli in die Vertiefungen füllen. Restliche Griessmasse darauf verteilen, glatt streichen, auskühlen, ca. 2 Std. kühl stellen.

Servieren: Griessköpfli mit einer Messerspitze sorgfältig vom Förmchenrand lösen. Förmchen kurz in heisses Wasser tauchen, Griessköpfli auf Teller stürzen, mit der Mangosauce anrichten.

Portion: 207 kcal, F 3 g, Kh 39 g, E 6 g

TAKE 4

ratgeberteil

GESUNDES KÖRPERGEWICHT

Das Gewicht allein sagt wenig darüber aus, ob jemand unter-, normal- oder übergewichtig ist. Die Grösse spielt nämlich bei der Beurteilung des eigenen Körpergewichts ebenfalls eine Rolle.

DER BODY-MASS-INDEX (BMI)

Eine weit verbreitete und einfache Beurteilungsmöglichkeit des Körpergewichts ist der Body-Mass-Index (BMI).

$$\textbf{BMI} = \frac{\text{Körpergewicht in Kilogramm}}{(\text{Körpergrösse in Metern})^2}$$

BMI in kg/m²	**Einteilung**
unter 18,5	Untergewicht
18,5–24,9	Normalgewicht
25–29,9	leichtes bis mittleres Übergewicht
30–39,9	schweres Übergewicht (Adipositas)
40 und mehr	extremes Übergewicht (extreme Adipositas)

Achtung: Diese BMI-Einteilung gilt nicht für Kinder und Jugendliche im Wachstum und auch nicht für Sportler. (Quelle: WHO)

AUF DEN BAUCHUMFANG KOMMT ES AN

Fett im Bauchbereich belastet den Körper am meisten und fördert die Entstehung von Krankheiten wie Diabetes mellitus, Bluthochdruck, Herz-Kreislauf-Erkrankungen und Fettstoffwechselstörungen.

Erhöhtes Risiko Frauen: > 80 cm
Erhöhtes Risiko Männer: > 94 cm

Richtig messen: Den Bauchumfang regelmässig im Stehen auf Bauchnabelhöhe messen.

ENERGIEBILANZ

Die Energiebilanz ist die Differenz zwischen Energieaufnahme und Energieverbrauch.Der Körper braucht ständig Energie: zur Aufrechterhaltung aller Körperfunktionen wie Atmung, Verdauung, Körpertemperatur und für alle körperlichen Aktivitäten. Je mehr wir uns bewegen, desto grösser ist unser Energieverbrauch. Die benötigte Energie dazu nehmen wir über unsere Nahrung auf.

Energieaufnahme
– Energieverbrauch
= Energiebilanz

GEWICHT HALTEN

Man spricht von einer ausgeglichenen Energiebilanz, wenn über das Essen und Trinken genauso viel Energie aufgenommen wie verbraucht wird.

GEWICHTSZUNAHME

Ist die Energiezufuhr grösser als der Energieverbrauch, ist die Energiebilanz positiv. Dies kann langfristig zu Übergewicht führen, da die überschüssige Energie in Form von Körperfett gespeichert wird.

ABNEHMEN

Umgekehrt führt eine negative Energiebilanz zum Verlust an Körpermasse. Beim Abnehmen versuchen wir eine negative Energiebilanz zu erreichen, indem wir entweder weniger Energie aufnehmen (= weniger essen) oder mehr Energie verbrauchen (= mehr bewegen) oder idealerweise beides zusammen.

ÄNDERUNG DES ESSVERHALTENS

Eine Ernährungsumstellung soll immer in kleinen Schritten erfolgen, denn die individuellen Ess- und Trinkgewohnheiten haben sich über Jahre entwickelt und lassen sich nicht so schnell ändern. Eine radikale Umstellung ist daher weder sinnvoll noch nötig. Vielmehr kommt es darauf an, sich seiner Ess- und Trinkgewohnheiten bewusst zu werden und Änderungen Schritt für Schritt über einen längeren Zeitraum hin anzugehen und langfristig beizubehalten.

GESUNDE ERNÄHRUNG STATT DIÄT

37 Prozent aller Schweizerinnen und Schweizer sind übergewichtig. Kein Wunder also, dass der Schlankheitsmarkt ungebremst boomt und mit vielen Angeboten lockt. Aber Vorsicht: Jede Art von einseitigen, einschränkenden und radikalen Schlankheitsdiäten ist zum Scheitern verurteilt, da sie nicht alltagstauglich und bisweilen sogar gesundheitsschädigend sind. Eine extreme Einschränkung der Energiezufuhr, starre Diät- oder Trainingspläne, Verbote, starke Fremdkontrolle anstelle flexibler Selbstkontrolle führen regelmässig zum Abbruch einer Diät. Der sogenannte Jo-Jo-Effekt ist vorprogrammiert; das Körpergewicht steigt schnell wieder auf das Ausgangsgewicht oder sogar darüber hinaus an. Daher wird von kurzfristigen Schlankheitsdiäten dringend abgeraten.

TIPPS

- Den Einkauf mithilfe einer Einkaufsliste planen.
- Die Lebensmittel bewusst auswählen.
- Die Mahlzeiten fettarm zubereiten.
- Bewusst, langsam und mit Genuss essen.
- Auf das Sättigungsgefühl achten.
- Das eigene Essverhalten in verschiedenen Situationen (Langeweile, Stress, Frust) beobachten.

MIT KLEINEN SCHRITTEN ZUM ERFOLG

Beim Abnehmen sollte man sich kleine und zumutbare Schritte vornehmen und sich konkrete Änderungsziele setzen, die überprüfbar sind. Wer beispielsweise bisher nicht täglich Gemüse gegessen hat, soll am Anfang versuchen, täglich eine Portion Gemüse oder Salat einzuplanen. Wenn das erreicht ist, kann auf zwei und später auf drei Portionen erhöht werden.

VOLUMENREICH ESSEN

In der Magenwand sind Sensoren, die dem Gehirn mitteilen, wie gut der Magen gefüllt ist. Wer viel Gemüse, Salat und Obst isst, füllt den Magen und nimmt gleichzeitig wenig Kalorien auf.

HUNGER UND SÄTTIGUNG WIEDER SPÜREN

Jeder Mensch verfügt über eine angeborene Hunger-Sättigungs-Automatik. Diese kann durch physische und psychische Faktoren im Lauf des Lebens durcheinandergeraten, sodass man nicht mehr spürt, wann man echten Hunger hat oder wann man satt ist. Diese Signale richtig und frühzeitig wahrzunehmen, kann man bewusst wieder erlernen.

DREI HAUPTMAHLZEITEN

Drei Hauptmahlzeiten sind zum Abnehmen ideal, denn es ist wichtig, dem Körper auch Pausen zu gönnen. Wer nicht auf Zwischenmahlzeiten verzichten möchte, kann eine Kleinigkeit, beispielsweise eine Frucht oder ein ungezuckertes Joghurt, zum Znüni oder Zvieri essen. Ständiges Zwischendurchessen sollte aber vermieden werden, denn dies führt zur Verdrängung der natürlichen Hunger- und Sättigungsgefühle. Das Essen wird so zur Nebenbeschäftigung, und das Sättigungsgefühl wird gar nicht mehr richtig wahrgenommen. Dem Körper wird somit ständig Energie zugeführt, statt dass er diese aus den Reserven mobilisieren müsste. Folglich werden die Fettreserven nicht abgebaut.

DEN PERSÖNLICHEN ESSRHYTHMUS FINDEN

> Regelmässig drei Hauptmahlzeiten einnehmen. Am Wochenende dürfen Frühstück und Mittagessen auch einmal durch einen nicht zu üppigen Brunch ersetzt werden.

> Das Essen in Ruhe und im Sitzen geniessen und sich dabei durch keine Nebenbeschäftigung ablenken.

> Gut kauen. Die Regel «Gut gekaut, ist halb verdaut» entlastet den Magen und schützt davor, zu schnell zu essen. Es dauert 15–20 Minuten, bis die ersten Anzeichen von Sättigung eintreten. Hastige Esser vertilgen grosse Portionen, bevor sich das Sättigungsgefühl einstellt.

AUSGEWOGENE ERNÄHRUNG

Es ist kontraproduktiv, gewisse Nahrungsmittel vom Speiseplan zu streichen. Verbote sind verboten! Alles ist erlaubt, es kommt nur auf die richtigen Mengen im richtigen Verhältnis an. Eine ausgewogene Ernährung beinhaltet durchaus auch Süsses und Knabbereien; beides darf man hie und da ohne Schuldgefühle geniessen.

DIE SCHWEIZER LEBENSMITTELPYRAMIDE

So essen Sie ausgewogen: Bevorzugen Sie Lebensmittel der unteren Pyramidenstufen und essen Sie Lebensmittel der oberen Stufen in kleineren Mengen.

MENGEN BEIM ABNEHMEN

Diese Mengenangaben sind als Orientierungshilfe gedacht und müssen nicht täglich genau eingehalten werden.

Alle angegebenen Mengen verstehen sich pro Tag und Person. Hie und da variieren die Mengenangaben in den Rezepten leicht, um die erwünschte Sättigung und ca. 500 kcal bei den Mahlzeiten zu erreichen.

	PRO TAG	1 PORTION =
Getränke	1–2 Liter	bevorzugt ungesüsste Getränke (z. B. Wasser mit/ohne Kohlensäure, Früchte- oder Kräutertee). Koffeinhaltige Getränke wie Kaffee, schwarzer und grüner Tee können ebenfalls zur Flüssigkeitsmenge gezählt werden.
Gemüse und Früchte		
Gemüse	3 Portionen	> mind. 200 g
Früchte	2 Portionen	> mind. 150 g = 1 Handvoll
Getreideprodukte, Kartoffeln und Hülsenfrüchte	3 Portionen	> 50–75 g Brot/Teig > 40–60 g Hülsenfrüchte (Rohgewicht) > 120–180 g Kartoffeln > 30–45 g Flocken, Mehl, Teigwaren, Mais, Reis oder anderes Getreide (Rohgewicht)
Milchprodukte, Fleisch, Fisch, Eier und Tofu	3 Portionen	> 2 dl Milch > 150–200 g Joghurt, Quark, Hüttenkäse oder andere Milchprodukte > 30 g Halbhart- oder Hartkäse > 60 g Weichkäse
	1 Portion	Fleisch, Geflügel, Fisch, Eier, Käse, Quark, Tofu, Quorn oder Seitan (zwischen diesen Eiweisslieferanten abwechseln) > 100–120 g Fleisch, Geflügel, Fisch, Tofu, Quorn oder Seitan (Frischgewicht) > 50–60 g Trockenfleisch > 2–3 Eier
Öle, Fette und Nüsse		
Öle und Fette	2 Portionen	> 1 Esslöffel (10 g) Pflanzenöl verwenden, davon mindestens die Hälfte in Form von Rapsöl
Butter	1 Portion	> 10 g Butter, Margarine oder andere Fette
Nüsse	1 Portion	> 15–20 g ungesalzene Nüsse, Samen oder Kerne
Süsses, Salziges, Alkoholisches		max. 1 kleine Portion

WEITERE TIPPS

Fettarme und schonende Zubereitungsarten wie Dämpfen bevorzugen.

Getränke
Über den ganzen Tag verteilt und auch vor und während der Mahlzeiten trinken. Dies führt zu einem besseren Sättigungsgefühl.

Gemüse und Früchte
Abwechslungsreich verschiedene Farben und Zubereitungsarten (roh, gekocht) wählen.
Zu den Mahlzeiten eine grosse Portion Gemüse (fettarm zubereitet) essen.
Gemüse und Früchte füllen den Magen, sättigen dadurch und liefern gleichzeitig kaum Kalorien.
Früchte und Gemüsestreifen sind ein idealer Snack für zwischendurch.

Getreideprodukte, Kartoffeln und Hülsenfrüchte
Regelmässig Vollkornprodukte essen. Sie sind reich an Nahrungsfasern, die besonders gut sättigen.

Milchprodukte, Fleisch, Fisch, Eier und Tofu
Fettreduzierte Milchprodukte bevorzugen. Fruchtjoghurts enthalten häufig grosse Mengen an Zucker. Kalorienärmer und mindestens genauso gut schmeckt ein Joghurt nature mit frischen Früchten. Bei Fleisch magere Sorten bevorzugen. Bei Fleisch- und Wurstwaren Varianten mit weniger Fett wählen (z. B. Mostbröckli statt Salami, mageren Schinken statt Aufschnitt).

Öle, Fette und Nüsse
Fette und Öle beim Abnehmen nicht vom Menüplan streichen. Wichtig ist hier, neben der Quantität auch auf die Qualität zu achten. Hochwertiges Öl wie Rapsöl enthält lebensnotwendige Fettsäuren.

Süsses, Salziges, Alkoholisches
Auf Süssigkeiten und Snacks muss nicht verzichtet werden. Man darf sich eine kleine Portion pro Tag gönnen und sie bewusst geniessen.
Alkohol liefert viele Kalorien und hemmt zudem den Fettabbau. Dies behindert die Gewichtsreduktion.

MOTIVATION UND UNTERSTÜTZUNG

Abzunehmen und endlich ein gesundes Körpergewicht zu erreichen, erfordert viel Wille und Durchhaltevermögen. Eine gesunde Gewichtsabnahme und die langfristige Stabilisierung des Gewichts kann nur erreichen, wer seinen Lebensstil überdenkt und in realistischen Schritten verändert.

MOTIVIERT AN DEN START

Persönliche Motivation ist der beste Antrieb, um eingefleischte Gewohnheiten umzutrainieren. Man muss seinen eigenen Weg finden, eine dauerhafte Balance zwischen weniger Energieaufnahme und mehr Bewegung zu schaffen. Folgende Tipps steigern und erhalten die Motivation:

> Positiv denken und nicht zu streng sein mit sich. Sich bewusst sein, dass die neuen Vorsätze nicht immer eingehalten werden können. Jeder Mensch braucht Zeit, seine Gewohnheiten zu ändern. Geduld bringt den Erfolg.

> Unterstützung in der Familie, im Freundeskreis oder bei anderen Abnehmwilligen suchen.

> Erfolg hängt auch vom gesteckten Ziel ab. Je vernünftiger und realistischer die Ziele sind, umso leichter sind sie zu erreichen.

> Sich ein Etappenziel stecken (z. B. 5 kg abnehmen). Ist das erreicht, sollte man sich belohnen und zum Beispiel eine feine Handcreme, eine CD, ein gutes Buch, eine hübsche Bluse oder ein Paar Schuhe kaufen.

PROFESSIONELLE UNTERSTÜTZUNG

Es kann auch hilfreich sein, beim Abnehmen professionelle Hilfe in Anspruch zu nehmen. Ein/e dipl. Ernährungsberater/in HF/FH kann im persönlichen Gespräch bei der Umsetzung helfen. Auch Online-Angebote können motivieren und unterstützen. Beliebt sind Internetforen, in denen sich Gleichgesinnte Mut machen und Tipps geben. Auch FAQ (Antworten auf häufig gestellte Fragen) helfen weiter bei Unklarheiten. Zudem kann man persönliche Ernährungs-, Gewichts- und Fitnesspläne auswerten lassen.

Betty Bossi AG
Kulinarische Beratung, Ernährungsberatung
Mo–Fr 8.30–12.00
Schwerpunkt Ernährungsberatung
Mittwoch 8.30–12.00
T +41 (0)900 488 488
(Fr. 1.19 pro Min. ab CH-Festnetz)

Schweizerische Gesellschaft für Ernährung SGE
www.sge-ssn.ch

NUTRINFO®
Info-Dienst für Ernährungsfragen
T +41 31 385 00 08 (Mo–Fr 8.30–12.00)
nutrinfo-d@sge-ssn.ch

Ihr Ernährungstest NUTRICALC®
www.nutricalc.ch

BEWEGUNG UND ENTSPANNUNG

Eine gesunde und nachhaltige Gewichtsreduktion erreicht man, indem die tägliche Kalorienaufnahme um mindestens 500 und maximal 800 Kalorien pro Tag reduziert wird. Dazu sollte reichlich Bewegung eingeplant werden. So lässt sich eine Gewichtsreduktion von 1–3 Kilogramm pro Monat erzielen.

BEWEGUNG

Ausreichend Bewegung ist für eine Gewichtsabnahme genauso wichtig wie eine ausgewogene Ernährung. Körperliche Aktivität erhöht den Energieverbrauch, fördert den Fettabbau, stärkt den Kreislauf, verhindert den Muskelabbau während der Gewichtsabnahme und verbessert das psychische und physische Wohlbefinden.

ES MUSS NICHT IMMER SPORT SEIN!

Auch Alltagsaktivitäten wie Treppensteigen, Herumtoben mit den Kindern, Putzen, Gartenarbeit, zügiges Gehen oder Velofahren helfen, das Gewicht zu reduzieren, und lassen sich zudem gut in den Tagesablauf integrieren. Optimal ist es, sich täglich mindestens eine halbe Stunde bei mittlerer Intensität zu bewegen. Mittlere Intensität bedeutet, leicht ausser Atem, aber nicht unbedingt ins Schwitzen zu kommen. Auch hier ist es wichtig, sich kleine, dafür realistische Ziele zu stecken und Schritt für Schritt mehr Bewegung in den Alltag zu bringen.

ENTSPANNUNG

Gezielte Entspannung ist wichtig und kann einer Gewichtszunahme entgegenwirken oder eine Gewichtsabnahme sogar unterstützen. Gezieltes Entspannen kann dabei helfen, dass Alltags-, Familien- oder Berufsstress nicht mehr auf das Essverhalten übertragen werden. Was entspannend wirkt, ist sehr individuell; die einen lesen ein spannendes Buch, andere gönnen sich ein schönes Bad oder treffen sich mit Freunden zu einem Spielabend.

GEWICHT HALTEN

Ist das Zielgewicht erreicht, kommt es darauf an, dieses langfristig zu halten. Wer sich weiterhin an die Grundprinzipien eines gesunden Lebensstils hält, vermeidet den Jo-Jo-Effekt.

DIE WICHTIGSTEN PUNKTE:

- Gegen den Durst Wasser (mit oder ohne Kohlensäure), ungesüssten Früchte- oder Kräutertee trinken.
- Gezielt einkaufen und dabei auf die Lebensmittelauswahl und die Mengen achten.
- Die Ernährung weiterhin vielseitig und ausgewogen gemäss der Lebensmittelpyramide gestalten.
- Die Mahlzeiten fettarm zubereiten.
- Auf versteckte Fette achten und fettarme Lebensmittel bevorzugen.
- Verbote sind verboten: Sich ab und zu Süssigkeiten, salzige Knabbereien oder ein Glas Wein gönnen und dann bewusst geniessen.
- Langsam und in Ruhe essen und auf das Sättigungsgefühl achten.
- Täglich eine halbe Stunde Bewegung (mittlerer Intensität) einplanen.
- Zum Ausgleich sich täglich genügend Zeit für Entspannung nehmen.

ALPHABETISCHES REZEPT-VERZEICHNIS

O

P

Q

R

Alle Rezepte in diesem Buch sind für 2 Personen berechnet.

Massangaben
Alle in den Rezepten angegebenen Löffelmasse entsprechen dem Betty Bossi Messlöffel.

Ofentemperaturen
Gelten für das Backen mit Ober- und Unterhitze. Beim Backen mit Heissluft verringert sich die Back- bzw. Brattemperatur um ca. 20 Grad. Beachten Sie die Hinweise des Backofenherstellers.

Quellennachweis
Das im Buch abgebildete Geschirr und Besteck sowie die Dekorationen stammen aus Privatbesitz.

Abnehmen, ohne zu hungern mit dem Online-Coach von Coop: www.coop.ch/coach

Der Ernährungscoach im Internet bietet unter anderem

- über 10 000 Rezepte für einfaches und leichtes Kochen
- einen individuellen Ernährungsplan, mit dem Sie Ihre Erfolge kontrollieren können
- kompetente Betreuung durch Ernährungswissenschaftler

Ein Muss für jede Küche!

Dieses umfassende Buch mit vielen Grundrezepten, über 600 Bildern und noch mehr Tipps und Tricks. Ideal für Einsteiger, die mit Spass kochen möchten, aber auch geübten Köchinnen und Köchen leistet dieses Buch beste Dienste, sei es als Nachschlagewerk oder als Inspirationsquelle.

> Art. 27018.998

> Bestellen Sie mit der nachfolgenden Bestell-Karte oder unter www.bettybossi.ch

FEINES AUS KARTOFFELN

Über 80 vielseitige Rezepte. Neue Kreationen, aber auch Traditionelles aus Kartoffeln. Knusprige Gratins, leichte und abwechslungsreiche Vorspeisen, kleine Mahlzeiten für zwei oder vier Personen, pfiffige Beilagen, Rösti in gluschtigen Variationen, ofenfrisches Gebäck.

> Art. 20048.998

KNUSPRIGES BROT UND KÖSTLICHE BROTGERICHTE

Rezepte für Brot zum Selberbacken, vom Vollkornbrot bis zum Zopf. Praktische Hinweise und Informationen zu den Grundzutaten. Dazu eine Fülle von Rezepten für feine Brotgerichte: neue, leichte Kreationen und Klassiker aus Grossmutters Küche.

> Art. 20900.998

DAS NEUE GUETZLIBUCH

Klassische Weihnachtsguetzli mit neuen Kreationen und die feinsten Schoggiguetzli zum Verwöhnen. Köstliche Guetzli, schnell gemacht, und eine Auswahl der besten Vollkornguetzli. Dazu Ideen für hübsche Verpackungen.

> Art. 20902.998

DAS ANDERE GRILLIERBUCH

Milde und pikante Marinaden, Geflügel, Fisch oder Fleisch, feines Gemüse, aromatische Früchte und raffinierte Beilagen. Rezepte für den Grill, aber auch für Backofen oder Grillpfanne. Dazu Tipps und Tricks rund um Feuer und Glut.

> Art. 20904.998

FEINE SAUCEN UND PASSENDE GERICHTE

Helle und dunkle Saucen, dazu passende, raffinierte Fleisch-, Geflügel- und Fischgerichte. Klassische Saucen und neue, pfiffige Varianten. Eine Fülle von kalten Saucen für feine Apéro-Häppchen sowie Tipps und Tricks.

> Art. 20910.998

NEUE ALLTAGSREZEPTE

Eine Fülle neuer Rezepte für jeden Tag, ob für die Familie, für zwei Personen oder sogar für unerwartete Gäste. Wir präsentieren schnelle, saisonale, einfache, aber nicht minder pfiffige Gerichte.

> Art. 20922.998

GÄSTE VERWÖHNEN – LEICHT GEMACHT

Verführerische Rezepte mit ausführlichen Vorbereitungstipps, damit viel Zeit für die Gäste bleibt. Vier raffinierte Dinners und zwölf köstliche Drei-Gang-Menüs sorgen das ganze Jahr hindurch für unvergessliche Einladungen.

> Art. 20926.998

WEIHNACHTSZAUBER

Eine Fülle von Ideen für drinnen und draussen, ob als Tisch-, Platz- oder Raumdekorationen. Sie alle sind schnell gemacht und lassen sich wirkungsvoll präsentieren.

> Art. 20928.998

GAUMENFREUDEN

Erfolgsrezepte aus der Betty Bossi Kochschule für Geflügel, Fleisch und Fisch mit interessanten Tipps und zahlreichen Informationen zu den Zutaten. Gerichte, deren Zubereitung Spass macht. Das Resultat lässt Geniesser schwelgen!

> Art. 20932.998

GRATINS UND AUFLÄUFE

Köstliches aus dem Ofen, ganz einfach zubereitet. Im Mittelpunkt steht die Vielfalt des Gemüses, kombiniert beispielsweise mit Teigwaren, Kartoffeln, Fleisch oder Fisch. Dazu ein Kapitel mit süssen Überraschungen.

> Art. 20934.998

DESSERTS FÜR ALLE

Raffinierte Desserts zum Verlieben! Cremen, Sorbets, Törtchen und vieles mehr! Hier kommen Dessert-Fans ins Schwärmen. Süsses, mal luftig, mal eisig, auch knusprig oder fruchtig frisch. Diese Gaumenfreuden krönen jedes feine Essen.

> Art. 20938.998

ANTIPASTI & PASTA

Für alle Fans der italienischen Küche: die herrlichsten Vorspeisen, viele neue Pasta-Saucen für jede Jahreszeit, Salate, Suppen und Köstlichkeiten aus dem Ofen. Das ist pure italienische Lebensfreude auf dem Teller.

> Art. 20942.998

DIE BELIEBTESTEN REZEPTE

Die Lieblingsrezepte unserer Abonnentinnen und Abonnenten aus der Betty Bossi Zeitung, erstmals in einem Buch veröffentlicht: Fleisch-, Geflügel- und Fischgerichte, Feines mit Gemüse, tolle Desserts und Mitbringsel zum Brillieren.

> Art. 20948.998

DAS NEUE SALATBUCH

Viele neue Rezepte für Salatgenuss rund ums Jahr: raffinierte Vorspeisen, leichte Hauptgerichte und schnelle Beilagen. Dazu 3 Salat-Buffets mit Vorbereitungstipps, über 70 Salatsaucen sowie wertvolle Informationen rund um den Salat.

> Art. 27000.998

AUS 1 PFANNE

Schnelle Alltagsrezepte mit wenigen Zutaten und nur einer Pfanne: Überraschendes mit Spätzli, Rösti, Teigwaren, Fleisch und Poulet. Dazu ein paar neue, unkomplizierte Wok-Gerichte. Unkompliziert geniessen ist so einfach.

> Art. 27002.998

BACKSTUBE

80 neue Rezepte für Cakes, Kuchen, Strudel, Blechkuchen, Wähen und Muffins, mit süssen Früchten und cremigen Füllungen. Das kleine Back-Abc und viele Tipps sichern Ihren Backerfolg und den süssen Genuss.

> Art. 27004.998

REISKÜCHE

Einfach in der Zubereitung, leicht im Genuss: 35 herrliche Risotto-Varianten als Vorspeise, Beilage oder Hauptgericht, dazu kreative Rezepte für Tätschli, Gratins, Salate, 28 raffinierte Beilagen und verführerische Dessertideen.

> Art. 27006.998

NIEDERGAREN – LEICHT GEMACHT

Zarter und saftiger kann Fleisch nicht sein! Die besten Stücke von Rind, Kalb, Schwein, Lamm, Kaninchen, Reh und Geflügel. Dazu 65 neue, raffinierte Saucen, viele Marinaden, Tipps und Tricks unserer Profis.

> Art. 27010.998

CAKE-FESTIVAL

Cakes sind schnell gemacht und schmecken allen. Feines für die Weihnachtszeit, viele neue Rezepte und einige heiss begehrte Klassiker. Besonders raffiniert: pikante Cakes zum Brunch oder Apéro. Dazu originelle Deko-Tipps.

> Art. 27012.998

FEINES MIT GEFLÜGEL

Viele neue, leichte Rezepte mit Poulet, Truthahn, Ente und Strauss. Knuspriges aus dem Ofen, delikat Geschmortes und Sommerliches vom Grill, feine Vorspeisen, einige Klassiker aus fernen Ländern und viele Tipps rund um Geflügel.

> Art. 27016.998

GESUND GENIESSEN

Schlank bleiben oder schlank werden mit unseren feinen Frühstücksideen, mit kalten und warmen Gerichten mit Fleisch, Poulet, Fisch und vegetarisch. Dazu himmlische Desserts und viele Tipps rund um die gesunde Ernährung.

> Art. 27022.998

WUNDERBAR HALTBAR

Selbstgemacht schmeckts am besten: Konfitüren, Gelees, Sirup, Feines in Essig und Öl, Dörrfrüchte, hausgemachte Bouillon – alles ganz natürlich. Dazu viele schnelle Rezepte mit den selbstgemachten Delikatessen und viele Tipps für sicheres Gelingen.

> Art. 27024.998

GSCHNÄTZLETS & GHACKETS

Schnell, gut, günstig: kleine Mahlzeiten, Vorspeisen, Pasta-Saucen, Eintöpfe, Gerichte aus dem Ofen, Gschnätzlets und Ghackets mit feinen Saucen, Hamburger- und Tatar-Variationen. Dazu Tipps und eine Pannenhilfe für Saucen.

> Art. 27026.998

BACKEN IN DER WEIHNACHTSZEIT

Neue Ideen für eine stimmungsvolle Adventszeit: 35 Sorten schnelle, einfache und traditionelle Guetzli, weihnachtliche Gugelhöpfe, Glühwein-Mini-Savarins, Stollen, Lebkuchen, Biberli, Birnenweggen, Grittibenzen und Dreikönigskuchen.

> Art. 27028.998

NEUE GEMÜSEKÜCHE

Bunt, gesund und kreativ: neue, einfache Rezepte mit einheimischem Gemüse, speziell für den Alltag geeignet. Beilagen, leichte Vorspeisen, feine Salate und unkomplizierte Hauptgerichte. Mit cleveren Tipps und einer Saisontabelle.

> Art. 27034.998

WÄHEN, PIZZAS, FLAMMKUCHEN

Super Rezepte und Tipps für schnelle Wähen, süss und pikant, klassisch und überraschend neu. Dazu die besten Rezepte für Pizza, Focaccia und raffinierte Flammkuchen. Sie entscheiden: Teig selber machen oder kaufen.

> Art. 27036.998

SCHNELLE VORSPEISEN, HÄPPCHEN & TAPAS

Feines zum Aperitif, raffinierte Vorspeisen und Salate zum Brillieren, Knuspriges aus dem Ofen und herrliche Tapas. Alle Rezepte sind schnell und einfach, dennoch mit einer Prise Glamour. Dazu viele Tipps rund ums Anrichten und Garnieren.

> Art. 27038.998

FASZINATION CURRY

Würzige Schmorgerichte, herzhafte Kokoscurrys, leichte Gerichte mit Fisch und Meeresfrüchten – dieses Buch bietet eine Vielfalt vom einfachen Bauerncurry bis zur königlichen Köstlichkeit.

> Art. 27040.998

KARTOFFELN

Viele neue Rezepte mit der Wunderknolle, schnell, einfach und dennoch raffiniert: aromatische Hauptgerichte, feine Beilagen, knackige Salate und schnelle Suppen. Dazu wie immer wertvolle Tipps rund um die Kartoffel.

> Art. 27042.998

PLÄTZLI & STEAKS

Suchen Sie Alternativen zum ewigen Schnipo? Voilà: jede Menge Abwechslung und kreative Ideen, dazu viele neue Saucen. Wir haben Plätzli und Steaks gefüllt und umhüllt, aufgespiesst und gerollt. Dazu feine «Plätzli»-Ideen für Vegis.

> Art. 27044.998

SCHWIIZER CHUCHI

320 Seiten!

Traditionsreiche Klassiker, neue, marktfrische Küche mit einheimischen Zutaten. Dazu Klassiker, neu interpretiert: aus denselben Zutaten ist ein neues Gericht entstanden, aber immer noch «ächt schwiizerisch».

> Art. 27046.998

FISCH UND MEERESFRÜCHTE

Gesund, leicht, raffiniert und vielseitig: neue, köstliche Rezepte für Vorspeisen, Suppen, Salate und Hauptgerichte. Dazu einige superschnelle Kreationen sowie Tipps für nachhaltigen Fischgenuss.

> Art. 27050.998

MARKTFRISCHE KÜCHE

Frisch, leicht und überzeugend: saisonale Rezepte, schnell und unkompliziert, mit einheimischen Zutaten. Denn: Das Gute liegt so nah! Verfeinert wird mit frischen Kräutern aus dem Kloster- und Bauerngarten.

> Art. 27052.998

EINFACH ASIATISCH

320 Seiten!

Die beliebtesten Gerichte und Neuentdeckungen aus den beliebtesten asiatischen Ländern: Thailand, Vietnam, China, Japan, Indonesien, Malaysia und Indien. Die Rezepte sind einfach nachzukochen, leicht und gesund.

> Art. 27054.998

FESTTAGE ZUM GENIESSEN

Mit diesen Hitrezepten wird Weihnachten, Silvester und jeder andere Feiertag zum kulinarischen Fest – für alle. Mit der richtigen Rezeptauswahl geniessen auch die Gastgeber in brillanter und entspannter Festtagslaune.

> Art. 27056.998

BRUNCH

Tolle Ideen für Ihren Brunch: kleine Delikatessen im Glas, knuspriges, süsses und pikantes Gebäck. Dazu überraschende Ideen rund um Brot und Ei. Dann das süsse Finale für alle Naschkatzen und Desserttiger.

> Art. 27058.998

GRATINS & …

Lust auf einen heissen Flirt? Dann aufgepasst: Diese Gratins und Aufläufe verführen Sie nach allen Regeln der Kunst. Die Kapitel: die Schnellen, die Leichten, zum Vorbereiten, die Edlen (für Gäste) und Fixes vom Blech.

> Art. 27060.998

TAKE 4

Die Idee: Mini-Einkauf, schnelle Zubereitung und viel Genuss. Das Resultat: schnelle, einfache Rezepte für Verwöhnmomente. Dazu eine clevere Vorratsliste auch für Haushalte, in denen nicht täglich gekocht wird.

> Art. 27066.998

LUST AUF WURST

Herrliche Gerichte mit Schweizer Würsten in vier Kapiteln: Fingerfood & Vorspeisen, Nostalgiegerichte, regionale Spezialitäten und deftig & wärmend. Dazu natürlich viele Tipps und Tricks rund um die Wurst.

> Art. 27070.998

LUSTVOLL VEGETARISCH

320 Seiten!

Heute kochen namhafte Köche fleischlose Gerichte auf höchstem Niveau – mit grossem Erfolg. Auch privat geniessen immer mehr Leute vegetarisch. Höchste Zeit also für ein umfangreiches Buch voller köstlicher Vegi-Ideen.

> Art. 27072.998

GESUND & SCHLANK

Mit Genuss essen, satt werden und dabei erst noch gesund abnehmen. Mit den feinen und ausgewogenen Rezepten in diesem Buch zum persönlichen Wohlfühlgewicht. Zusätzliche Unterstützung bietet der hilfreiche Ratgeberteil.

> Art. 27064.998

GESUND & SCHLANK

Band 2 mit 320 Seiten bietet über 150 neue Rezepte zum Abnehmen mit Genuss: Frühstück, Lunch, Nachtessen und Desserts – für alle Jahreszeiten. Zusätzliche Unterstützung bietet der hilfreiche Ratgeberteil.

> Art. 27076.998

ECHT ITALIENISCH

Wir laden Sie ein zu einer kulinarischen Italienreise durch alle Regionen unseres südlichen Nachbarlandes. Es gibt neben heiss geliebten Traditionsrezepten auch viel Neues zu entdecken! Mediterrane Küche zum Schwelgen.

> Art. 27068.998

KUCHENDUFT

Viele neue Rezepte für alle Jahreszeiten, jede Gelegenheit und jedes Talent: wunderbare Kuchen, Cakes und Torten. Dazu inspirierende Dekorationsideen und viele Tipps und Tricks, damit Ihre Kunstwerke sicher gelingen.

> Art. 27074.998

Weitere Betty Bossi Vorteile!

Betty Bossi Zeitung

> 10× jährlich
> Zeitung – mit Rezepten, die sicher gelingen!
> Bücher – zum Vorzugs-Preis!
> Spezial-Angebote – clevere Küchenhelfer!

Bestellen Sie mit der nachfolgenden Bestell-Karte oder unter www.bettybossi.ch

Betty Bossi online

> 24 Stunden für Sie da!
> Alle Neuigkeiten auf einen Blick
> Einfache Navigation
> Schnelle Bestellung
> Kostenloser Newsletter
> Noch mehr Rezepte und wertvolle Tipps

www.bettybossi.ch

Betty Bossi Spezial-Angebote

> Von Betty Bossi erprobt, von Betty Bossi empfohlen!
> Clevere Helfer für Küche und Haushalt
> Innovative Eigenentwicklungen

Bestellen Sie unter www.bettybossi.ch

Geschenkkarte für die Betty Bossi Zeitung

Und so einfach gehts:

1. Bestell-Karte vollständig ausfüllen und an uns senden.
2. Mit der ersten Ausgabe der Betty Bossi Zeitung informieren wir die beschenkte Person, von wem sie das Geschenk-Abo erhalten hat.

☐ Ja, ich bestelle hiermit ein Jahres-Abo der Betty Bossi Zeitung (10 Ausgaben) für nur Fr. 23.90.*

Gewünschte Sprache:

☐ deutsche Ausgabe (6510000.998)

☐ französische Ausgabe (6520000.998)

Das Abo ist für: ☐ Frau ☐ Herr

Name:

Vorname:

Strasse:

PLZ/Ort:

Die Rechnung geht an: ☐ Frau ☐ Herr

Name:

Vorname:

Strasse:

PLZ/Ort:

* Jahres-Abo: Preis Inland: Fr. 23.90, Preis Ausland: Fr. 32.–. Preisänderung vorbehalten.

Bestell-Karte für die Betty Bossi Zeitung

Ihre Abo-Vorteile:

> Die Zeitung bietet Ihnen saisonale Rezepte mit Geling-Garantie und unzählige Tipps.

> Unsere neuen Kochbücher erhalten Sie mindestens 5 Franken günstiger.

> Nützliche und praktische Küchen- und Haushaltshilfen erleichtern Ihren Alltag.

> Mit dem Abo erhalten Sie online vollen Zugriff auf eine riesige Rezept-Datenbank.

☐ Ja, ich bestelle hiermit ein Jahres-Abo der Betty Bossi Zeitung (10 Ausgaben) für nur Fr. 23.90.*

Gewünschte Sprache:

☐ deutsche Ausgabe (6510000.998)

☐ französische Ausgabe (6520000.998)

Die Rechnung geht an: ☐ Frau ☐ Herr

Name:

Vorname:

Strasse:

PLZ/Ort:

* Jahres-Abo: Preis Inland: Fr. 23.90, Preis Ausland: Fr. 32.–. Preisänderung vorbehalten.

Betty Bossi

Bitte frankieren

Bitte senden Sie mir weitere Bestell-Karten zu.

Anzahl: ______

Betty Bossi
Die Ideenküche
CH-6009 Luzern

Betty Bossi

Bitte frankieren

Bitte senden Sie mir weitere Bestell-Karten zu.

Anzahl: ______

Betty Bossi
Die Ideenküche
CH-6009 Luzern